신명기 신학

신명기 신학

2024년 2월 25일 1쇄 인쇄
2024년 2월 29일 1쇄 발행

지은이 | 김영욱
펴낸이 | 박영호
펴낸곳 | 도서출판 솔로몬

주소 | 서울시 동작구 사당로 143
전화 | 599-1482
팩스 | 592-2104
직영서점 | 596-5225

등록일 | 1990년 7월 31일
등록번호 | 제 16-24호

ISBN 978-89-8255-622-7 03230

2024 ⓒ 김영욱
Korean Copyright ⓒ 2024
by Solomon Publishing Co., Seoul, Korea

저작권법에 의하여 한국 내에서 보호를 받는 저작물이므로
무단전재와 복제를 금합니다.

DEUTERONOMY

신명기 신학

김영욱 지음

솔로몬

차례

약어표
머리말

1. 서론 • 11

2. 순종과 불순종 • 15
    1. 가나안 정복의 실패 • 16
    2. 요단 동편 점령 전쟁 • 25
    3. 실패와 성공 • 29

3. 약속의 땅 • 33
    1. 신명기 1-3장의 구조 분석 • 34
    2. 약속과 성취 사이에서 • 35
    3. 하나님의 선물 • 41
    4. 땅과 법 • 46

4. 시내산 신현 • 49
    1. 불과 말씀 • 51
    2. 우상과 이스라엘의 미래 역사 • 54

5. 토라 교육 • 61
    1. 동사 라마드 • 62
    2. 교육 내용 • 66
    3. 아도나이 경외 • 77

6. 언약의 말들, 십계명 • 81
    1. 오늘, 현재화 • 82
    2. 십계명 • 85
    3. 다른 신과 안식일 • 88

7. 유일신 • 111
   1. 유일신론 • 1
   2. 구원자 하나님 • 118

8. 출애굽 구원 • 125
   1. 신명기의 구원 • 126
   2. 구원 사상의 전수 • 135

9. 선택 • 141
   1. 동사 '바하르'(בחר) • 142
   2. 이스라엘의 선택 • 144
   3. 선택하실 장소 • 147
   4. 제사장과 왕 • 153
   5. 신명기와 시편 • 156

10. 신정 정치 • 159
    1. 사법 제도 • 160
    2. 왕정 제도 • 165
    3. 종교 제도 • 171

11. 복과 저주 • 181
    1. 열두 저주 • 183
    2. 순종과 불순종의 결과: 복과 저주 • 186

12. 모압 언약 • 193
    1. 신명기 구조와 종주 조약 • 194
    2. 모압 언약 체결 • 196

약어표

ANET	Ancient Near Eastern Texts relating to the Old Testament
ASV	American Standard Version
BDB	F. Brown S. R. Driver C. A. Briggs, A Hebrew and English Lexicon of the Old Testament, Oxford, 1953 (reprinted of 1907)
Bib	Biblica
CBQ	Catholic Biblical Quarterly
ESV	English Standard Version
Ges-B	W. Gesenius - F. Buhl, Hebräisches und aramäisches Handwörterbuch über das Alte Testament, Leipzig, 1921.
Ges-K	W. Gesenius - E. Kautzsch, Hebräische Grammatik, Leipzig, 1909.
HAL	W. Baumgartner et. al., HHebräisches und aramäisches Lexikon zum Alten Testament.
IDB	The Interpreter's Dictionary of the Bible
Int	Interpretation
JBL	Journal of Biblical Literature
JPS	Jewish Publication Society of America
JSOT	Journal for the Study of the Old Testament
KJV	King James Version
LEI	Leidse Vertaling
LUV	Lutherse Vertaling
LXX	Septuagint
NAS	New American Standard Bible
NEB	New English Bible
NIB	New International Version (BR)
NIDOTE	New International Dictionary of Old Testament Theology & Exegesis
NIV	New International Version (1984 US)
NJB	The New Jerusalem Bible
NKJ	New King James Version
NRS	New Revised Standard Bible
RSV	Revised Standard Version

THAT	Theologisches Handwrterbuch zum Alten Testament
TNK	JPS Tanakh
TWAT	Theologisches Wrterbuch zum Alten Testament
TynB	Tyndale Bulletin
VT	Vetus Testamentum
ZAW	Zeitschrift fr die alttestamentliche Wissenschaft

머리말

　신명기 주석을 저술하면서 신명기의 신학적인 메시지에 관한 내용을 담은 책을 저술하려는 마음이 있었다. 하지만 계속되는 목회와 교수 사역으로 인하여 시간이 나지 않아서 차일피일 미루고 있었다. 그러던 차에 두란노 바이블칼리지에서 신명기 강좌를 개설하는 것이 어떠냐는 연락이 왔다. 강좌를 열면 강의안이 필요하다는 말을 들었다. 필자의 신명기 주석은 세 권이어서 강의안으로 사용하기에는 너무 분량이 많다. 단기간의 강좌에 어울리지 않아서 이 책을 저술하기 시작했다. 신명기 주석을 쓰고 여러 차례 총신대학교 신학대학원의 선택 과목에서 신명기 연구를 강의하면서 마음으로 계획하던 목차와 내용이 있어서 쓸 수 있었다.

　이 책의 신명기 번역, 표현과 사상은 필자의 신명기 주석과 여러 차례 『신학 지남』에 신명기에 관한 논문을 발표한 것에서 가져와서 주제에 맞게 새롭게 배열하여 정리하고 보완한 것이다. 신명기 주석과 논문들이 이 책의 밑바탕이 되었다. 각 항의 주제마다 각주에서 주석과 논문을 인용하고 가져온 것을 표기해 놓았지만, 모든 것을 세세하게 표기하지는 않았다.

　이 책이 아무쪼록 신명기의 신학적 메시지를 알기 원하는 성도들과 목회자들에게 조금이나마 도움이 되었으면 하는 바람이 있다. 이 책을 저술하는 동안 나에게 힘이 되어준 아내 한상애에게 변함없는 사랑과 감사를 표현하고 싶다.

2024. 1. 20. 분당에서
정언(正言) 김영욱

01
서론

　신명기는 모세의 다섯 번째 책으로 율법을 설명하고 있다. 모세는 가나안 땅에 들어가지 못한다. 그래서 출애굽 후세대에게 모압 땅에서 율법을 다시 설명하고 있는데 이것이 신명기이다(신 1:5). 이스라엘이 가나안 땅에 들어가서 살아가는 데에 중요한 삶의 원리들을 말하는 것이다. 신명기는 구약에서 중요한 책들 가운데 하나인 것은 분명하다. 이러한 사실은 롱맨과 딜러드가 신명기에 대하여 평가한 글에서 드러난다.

　"신명기는 거의 분명히 구약의 가장 중요한 책이라고 할 수 있다. 이 책은 오경의 정점이며, 구약의 나머지 부분들, 즉 역사서(특히, 사무엘서-열왕기)와 선지서들(예를 들어, 예레미야서)에 그 뚜렷한 신학적 관점의 영향력을 보여주고 있다. 웨넘은 신명기가 구약의 핵심적인 책이라고 불렀는데, 이 지적은 타당성이 있다."[1]

　학자들이 신명기에 주목하는 이유는 신명기가 중요한 신학적 주제들을

1　트럼퍼 롱맨, 레이몬드 딜러드, 『최신 구약 개론』 (고양, 2009), 135.

많이 담고 있기 때문이다. 신명기의 중요성은 구약 신학에서 드러난다. 구약 신학의 중요한 질문은 구약 성경에 중심이라고 말할 수 있는 주제가 있느냐 하는 것이다. 신약 성경은 예수 그리스도가 중심이다. 예수 그리스도의 십자가와 부활이 신학적 중심을 차지하고 있다. 이와 같이 구약에도 39권을 아우를 수 있는 신학적 주제가 있는가 하는 질문이다.

학자들은 구약의 중심이 있는가 하는 문제에 많은 관심을 기울였다.[2] 어떤 학자는 언약이 구약의 중심이라고 주장하고 다른 학자는 선택이 중심이라고 말한다. 이 주제에 대하여 다른 많은 제안 - 약속, 교제, 하나님의 거룩, 주이신 하나님, 하나님의 통치와 신인 사이의 교통, 언약 공식, 하나님의 의, 제 일 계명 등등 - 이 있다.

물론 여기에 반대하는 학자들도 있다. 구약에는 중심이 없다는 것이다. 왜냐하면 위에서 제안한 주제들이 구약 전체를 조직화하는 중심이 되기에는 부족하기 때문이다. 예를 들면 언약이나 선택과 같이 중요한 주제는 시가서에 가면 그렇게 중요한 주제가 되지 않는다. 또한 학자들이 구약의 신학적인 중심으로 동의하는 하나님도 사실 구약에는 하나님의 이름이 나오지 않는 에스더와 같은 책이 있기 때문이다. 이래서 최근의 학자들은 구약에 대한 다각적인 접근을 강조하여 신학 주제의 다양성을 말한다.

구약의 중심이 있는가 하는 논쟁은 구약을 이해하고 구약 신학을 이해하는 데 아주 중요하다. 그런데 우리의 주제와 관련해서 헤르만이라는 학자는 신명기가 구약의 중심이라고 제안했다. 신명기에는 구약 신학의 중요한 주제들이 핵으로 압축되어 나오기 때문이라고 말한다.[3] 신명기에는 구약의 중심을 반대하는 폰 라드의 역사적 신앙고백(신 26:5-9)도 나온다는 것이다. 필

---

[2] 구약의 중심에 관한 토론은 게하르드 하젤, 『구약신학: 현대 논쟁의 기본 이슈들』(서울, 1993), 169-206을 보라. 이와 관련하여 벤 C. 올렌버거, 엘머 A. 마르텐스, G. F. 하젤, 『20세기 구약 신학의 주요 인물들』(서울, 2000)을 보라.

[3] S. Hermann, "Die Konstruktive Restauration. Das Deuteronomium als Mitte biblischer Theologie," in *Prebleme biblische Theologie*, (München, 1971), 155-170.

자는 헤르만의 주장에 동의하지 않는다. 하지만 그의 주장에 귀를 기울일 필요가 있다. 왜냐하면 신명기에는 구약의 학자들이 주장하는 중요한 주제들이 많이 나오기 때문이다.

이 책은 신명기에서 언급하는 신학적 주제들을 다루고자 한다. 신명기에서 언급하는 주제들이 구약 성경의 다른 책에서도 중요한 주제로 나오며 다른 책들에 영향을 미쳤기 때문이다. 여기서 다루는 주제들은 필자가 신명기를 주석하면서 중요하다고 느낀 신학적 주제들을 주관적으로 선별한 것이다.

02
순종과 불순종[4]

신명기는 가나안 땅을 정복하라는 명령으로 시작한다. 가나안 땅 정복 전쟁은 하나님의 명령에 순종할 것인가 아니면 불순종할 것인가 하는 주제를 드러낸다.[5] 신명기 1장부터 3장을 읽어보면 세 개의 전쟁이 나오는데 가나안 땅과 요단 동편의 땅을 정복하는 전쟁 이야기이다. 첫째는 이스라엘이 가데스 바네아에서 가나안 땅의 정복을 시도했다가 실패한 전쟁 이야기이다. 둘째는 요단 동편의 헤스본의 왕 시혼과 전쟁한 이야기가 나오고 셋째는 바산 왕 옥과 전쟁한 이야기이다. 첫째 전쟁에서 이스라엘은 가나안 정

---

[4] 이 부분은 김영욱, 『신명기 I』 (서울, 2016), 109-156, 190-228에서 가져와 주제에 맞게 수정하고 보완한 것이다.

[5] 필자가 석사 논문을 쓸 때, 구약 신학의 중심이 있는가 하는 주제로 썼다. 이때 필자의 지도 교수인 하우트만(C. Houtman)은 필자의 논문을 지도해 주면서 "순종"이 구약의 중심이라고 생각한다는 견해를 밝혔다. 그때는 "순종"이 그렇게 중요한 주제일까 하는 의심이 들었는데, 박사 논문을 마친 후에 성경을 더 깊이 연구하면서 "순종"이 아주 큰 신학적 주제라는 사실을 깨달았다. 순종이라는 주제는 에덴동산에서부터 나타난다. 하나님은 첫 사람 아담에게 자유의지를 주시고 선악과를 따먹지 말라는 명령에 순종하기를 원하셨다. 그러나 아담은 불순종하여 인류에게 죽음이 찾아왔다. 이후 하나님은 이스라엘에게 가나안 땅을 주시고 그 땅에서 율법에 순종하기를 원하셨다. 그러나 이스라엘 역시 불순종했다. 첫 사람 아담과 이스라엘은 하나님의 명령에 순종하지 않았지만, 예수는 하나님의 뜻에 순종했다(롬 5장). 예수 그리스도께서 순종하심으로 인류에게 구원의 길이 열렸다. 하나님은 인류에게 예수 그리스도를 믿으라고 하신다. 예수 그리스도의 말씀에 순종하기를 원하시는 것이다.

복에 실패했다. 이것은 이스라엘이 둘째와 셋째 전쟁인 요단 동편의 땅을 점령한 전쟁과 대조를 이룬다.

1. 가나안 정복의 실패

모세는 가나안 땅에 들어가지 못하기 때문에 요단강을 건너려고 하는 출애굽 후 세대에게 모압 땅에서 율법을 다시 설명해 준다. 모세는 과거를 회고한다. 그는 흥미롭게도 신명기를 시작하면서 가데스 바네아에서 이스라엘이 시도했었던 가나안 땅 정복의 실패 이야기를 가장 먼저 꺼낸다.

(1) 가나안 땅을 점령하라는 하나님의 명령

신명기는 서론(1:1-5)을 말한 후에 가나안 땅을 점령하라는 하나님의 명령이 나온다.

> 보라 내가 너희 앞에 그 땅을 두었다. 나아가라 그리고 아도나이께서 너희 조상들에게, 아브라함에게 이삭에게 그리고 야곱에게 그들과 그들 후의 그들 자손들에게 주기로 맹세하였던 그 땅을 점령하라(신 1:8).[6]

세 개의 명령형 "보라,[7] 나아가라, 점령하라"가 나와서 하나님 명령의 생동감을 주고 있다. 하나님이 이스라엘 조상들에게 주기로 약속하셨던 가나안 땅이 지금 이스라엘 앞에 놓여 있다. 이스라엘은 이제 그 땅을 점령해야 한다. 이스라엘은 가나안 땅을 점령하기 위하여 가데스 바네아에 진을 쳤다.

---

6 이 책에서 나오는 신명기 본문은 필자의 번역이다.
7 개역 개정은 명령형 "보라"를 생략한다.

모세는 이스라엘에게 가나안 땅을 점령하라는 하나님의 명령을 반복한다.

> 보라 아도나이 너의 하나님이 너의 앞에 그 땅을 두었다. 올라가라 점령하라 아도나이 너의 조상들의 하나님이 너에게 말씀하셨던 대로, 두려워 말라 그리고 당황하지 말라(신 1:21).

모세는 하나님이 아브라함과 이삭과 야곱에게 하신 약속을 지키셨다는 것을 강조한다. 이스라엘이 지금 가나안 땅 앞에 있다는 것이다. 여기에 세 개의 명령형 "보라,"[8] "올라가라," "점령하라"가 나오고 두 개의 부정 명령 "두려워 말라"와 "당황하지 말라"가 나온다. 세 개의 명령형은, 단어 "나아가라"가 "올라가라"로 변했을 뿐 그 외에는 앞에서 나왔던 하나님의 명령(1:8)을 반복하고 있다. 두 개의 부정 명령은 실제적인 전투를 앞에 두고 있는 이스라엘 백성의 심리적인 안정을 위해서 주어졌다.

이스라엘은 하나님의 명령에 따라 가나안 땅을 점령하기 위하여 구체적인 행동을 취한다. 모세에게 가나안 땅을 정탐하기 위해 정탐꾼을 보낼 것을 제안한다. 가나안 정복을 위해 어느 길로 나아갈 것인지 그리고 어떤 성을 먼저 취할 것인지에 대한 군사적인 정탐이다. 모세도 이 의견에 동의하여 열두 명의 정탐꾼을 파송한다. 정탐꾼들이 가나안 땅을 살펴보고 와서 그 땅이 좋다는 긍정적인 보고를 한다. 하지만 이스라엘은 긍정적인 보고를 들었음에도 그 땅으로 올라가려고 하지 않는다. 이스라엘은 "하나님의 명령을 거역"한다(1:26). 가나안 땅을 점령하라는 말씀에 불순종한 것이다. 이스라엘이 하나님의 명령을 거역하며 장막에서 이렇게 말한다.

> 아도나이께서 우리를 미워하셨기 때문에 우리를 아모리인의 손안에 주기 위해서, 우리를 멸망시키기 위해서 그가 우리를 이집트 땅에서 이끌어내셨다

---

[8] 개역 개정은 여기서도 명령형 "보라"를 생략한다.

(신 1:27).

정탐꾼들은 그 땅은 좋다고 보고했다. 그러나 이스라엘은 아도나이께서 그들을 미워하신다고 불평하며 하나님의 구속 계획을 완전히 왜곡한다. 하나님이 이스라엘을 "멸망시키기 위해서" 출애굽 시켰다고 주장한다. 두 개의 부정사구 "우리를 아모리인의 손안에 주기 위해서"와 "우리를 멸망시키기 위해서"는 하나님의 구원 계획을 부인한다. 이스라엘은 아모리인의 산지를 점령하라는 하나님이 명령을 거부한다. 그리고 이렇게 말한다.

우리가 어디로 올라가야 하는가? 우리의 형제들이 우리의 마음을 녹게 하였다. 말하기를, 백성은 우리보다 크고 높다. 성들도 크고 하늘까지 요새화되었다. 더욱이 우리가 아낙 자손들을 거기서 보았다(신 1:28).

하나님은 이스라엘에게 아모리 산지로 "올라가라," "점령하라" 하고 말씀하셨다(1:21). 그래서 이스라엘은 어느 길로 올라가야 할지를 알기 위해서 정탐꾼들을 가나안 땅으로 올려보냈다(1:22, 24). 정탐꾼들이 와서 그 땅은 좋다고 말했지만 이스라엘은 그 땅으로 올라가기를 거부하며(1:26) "우리가 어디로 올라가야 하는가?" 하고 말한다. 이스라엘은 목적지를 상실한 것이다(1:28). 이스라엘의 여행 목적지는 가나안 땅이었다. 하나님은 조상들에게 가나안 땅을 주기로 하신 약속을 성취하기 위하여 이스라엘을 가나안 땅 앞까지 인도했다. 이제 그 땅을 점령하면 된다. 그러나 마지막에 이스라엘은 가나안 땅에 올라가기를 거부한다.

이스라엘이 가나안 땅을 점령하기를 거부한 이유는 성이 높고 아낙 자손이 살고 있기 때문이다. 아낙은 '목이 긴'이란 뜻으로 거인족이다.[9] 이스라엘

---

[9] 그 당시 거인족이 얼마나 컸는지는 바산 왕 옥의 침상을 통해 추측해 볼 수 있다. 옥은 르바임 사람이었는데, 이들도 아낙 자손과 같은 거인족이었다(신 2:20-21). 그의 침상 크기는 길이가 아홉 규빗 그리고 너비가 네 규빗이다(신 3:11). 한 규빗은 약 45~50cm이니 약 4.1m와 1.8m

은 이집트를 빠져나와 광야를 지나 가나안 땅에 도착했다. 하나님이 이스라엘 조상들에게 주기로 약속한 땅이니 이스라엘은 이 땅을 쉽게 차지할 것으로 생각했을 것이다. 또한 가나안 땅은 젖과 꿀이 흐르는 땅이라고 들었으니 낙원으로 여겼을 것이다. 그런데 막상 가나안 땅에 도착하자 전쟁을 치러야 했다. 그것도 거인족과 싸워야 한다는 소식에 낙담한 것이다. 거인족도 문제이지만 가나안 땅의 성들은 튼튼하고 높았다. 이런 점이 이스라엘의 전투 의지를 꺾은 것이다. 이스라엘은 현실을 보고 하나님의 구속 계획을 거부한 것이다. 이스라엘은 아낙 자손과 튼튼한 성을 보고 이제까지 이스라엘을 능력으로 인도해 주신 하나님을 잊어버렸다. 현실이 이스라엘의 믿음을 잠식해 버린 것이다.

(2) 모세의 권면

이스라엘은 정탐꾼들의 보고를 듣고 낙심했다. 모세는 전투 의지가 꺾인 이스라엘의 사기를 북돋아 주기 위해 권면한다. 모세는 "무서워 말라 그리고 두려워 말라"고 말한다(1:29). 앞서가시는 하나님을 바라보라고 설득한다.

> 아도나이 너희 하나님이 너희 앞서가시며 그가 이집트에서 너희의 목전에서 너희와 함께 행하셨던 모든 것과 같이 그가 너희를 위하여 싸우실 것이다 (신 1:30).

모세는 이스라엘이 이집트에 있을 때 하나님이 행하셨던 일을 상기시킨다. 하나님은 이집트를 대항하여 열 재앙을 내리셨으며 홍해 바다에서 놀라

정도이다. R. de Vaux, *Ancient Israel. Its Life and Institutions* (London, 1962), 196-198. 이렇게 큰 침상을 사용한 사람이니 약 3m 정도이다. 아낙 자손의 신장은 골리앗을 통해서도 알 수 있다. 여호수아 때 아낙 자손들은 가사와 가드와 아스돗에 조금 남았다(수 11:21-22). 블레셋이 후에 이스라엘과 전투를 할 때 골리앗이 나왔다. 그는 가드 사람으로 키가 여섯 규빗 한 뼘으로 나온다(삼상 17:4). 약 3m나 되는 용사였다.

운 이적으로 이스라엘을 구원하셨다. 모세는 이스라엘에게 과거의 일을 기억나게 하며 하나님이 함께하시는 미래를 바라보라고 말한다. 하나님이 이스라엘보다 "앞서" 가시기 때문이다. 실제 하나님은 불 기둥과 구름 기둥으로 함께하셨고 언약궤가 이스라엘보다 삼 일 길을 먼저 갔다(민 10:33-34). 이 일을 잘 알고 있었던 모세는 이렇게 말한다.

> 너희 앞서 길을 가시는 자, 너희에게 너희의 천막을 칠 장소를 찾기 위하여, 밤에는 불로, 너희가 가야 할 길을 너희에게 보여주기 위하여 그리고 낮에는 구름으로(신 1:33).

하나님은 이스라엘보다 앞서가셨다. 하나님이 앞에 가신 목적은 두 개의 부정사구가 잘 보여준다. "찾기 위하여"(칼 부정사) 그리고 "보여주기 위하여"(히필 부정사)이다. 하나님은 친히 그들이 어디로 나아가야 할지 그리고 어디서 진을 쳐야 할지를 찾으셨다. 하나님이 친히 안내자가 되신 것이다. 모세는 광야의 경험을 상기시키며 이스라엘을 위로한다. 이집트와 광야에서 함께하신 하나님께서 "너희를 위하여 싸우실 것이다,"고 설교한다. 가나안 정복 전쟁은 아도나이의 전쟁이다. 아도나이께서 이스라엘을 위하여 싸우시는 전쟁이다. 출애굽 전쟁에 함께하신 하나님께서 이제 가나안 정복 전쟁에 함께하실 것이다. 과거에 도와주신 하나님께서 현재에도 함께하시며 미래에도 도와주실 것을 말한 것이다.

"불"과 "구름"은 신현의 동반 현상이다. 하나님이 불과 구름으로 나타나신다. 하나님은 모세에게 가시나무에서 불 가운데 나타나셨다(출 3장). 시내산에서 하나님은 불과 구름으로 나타나셔서 불 가운데서 말씀하셨다(출 19:16-18; 신 4:10-12). 성막이 완공되었을 때, 아도나이는 구름 가운데 임재하셨다. 낮에는 성막 위에 구름이 그리고 밤에는 불이 있었다(출 40:34-38). 하나님은 이스라엘이 광야를 여행할 때, 구름과 불로 동행하셨다.

모세는 특히 이스라엘이 하나님께서 우리를 미워하셨다는 말(신 1:27)에 신경을 쓴다. 그래서 이스라엘이 지금 이 자리까지 어떻게 왔는지를 다음과 같이 말한다.

> 그리고 광야에서 너는 아도나이 너의 하나님이 너를 데려왔던 것을 보았다. 사람이 그의 아들을 데려오는 것같이, 너희가 걸었던 모든 그 길에서 너희가 이 장소로 오기까지(신 1:31).

모세는 하나님께서 이스라엘을 가나안 땅 앞까지 인도하셨다는 사실을 강조한다. 하나님은 황량한 광야를 지나 약속의 땅으로 그들을 데려오셨다. 마치 아버지가 아들을 안고 오는 것같이 하셨다. 아버지는 아들을 사랑한다는 의미이다. 모세는 하나님이 이스라엘을 미워하신 것이 아니라 사랑하셨다고 항변한다. 하나님이 이스라엘을 미워하셔서 아모리 사람의 손에 망하게 하려는 것이 아니라는 것이다. 하지만 이스라엘은 이런 모세의 설교를 거부한다. 이스라엘은 하나님을 믿지 않았다(1:32). 이스라엘은 아낙 자손과 싸우기도 전에 전의를 상실한다. 그들은 전쟁에서 실패하기도 전에 먼저 하나님을 신뢰하는 믿음에서 실패한다.

(3) 하나님의 심판

이스라엘이 아모리 산지로 올라가라는 하나님의 명령에 거역하자 하나님이 출애굽 세대에게 심판을 내리신다. 출애굽 세대 가운데 가나안 땅에 들어갈 사람이 없을 것이라고 선언하신다.

> 이 악한 세대의 사람들 중에서 한 사람도 내가 너희 조상들에게 주기로 맹세했던 그 좋은 땅을 볼 수 없을 것이다(신 1:35).

하나님은 출애굽 세대를 "이 악한 세대"로 규정하신다. 하나님의 구속 계획을 믿지 않았기 때문이다. 이스라엘이 가나안 땅을 주겠다는 하나님의 약속을 믿지 않음으로 하나님을 이율배반적인 분으로 만든 것이다. 하나님이 좋은 땅을 주신다고 약속했는데, 그 땅에는 거인족이 살고 성이 높고 튼튼하다. 이래서 이스라엘은 하나님이 그들을 미워한다고 말한 것이다. 하나님은 출애굽 세대 가운데 한 사람도 가나안 땅에 들어가지 못할 것을 선언하신다. 그렇지만 예외가 있다. 갈렙이다. 갈렙은 가나안 땅에 들어갈 것이다. 하나님을 온전히 신뢰하였기 때문이다.

> 여분네의 아들 갈렙은 제외하고, 그는 그것을 볼 것이다. 그리고 내가 그가 밟았던 그 땅을 그에게 그리고 그의 자녀들에게 줄 것이다. 그가 아도나이를 온전히 따랐기 때문이다(신 1:36).

갈렙은 유다 지파의 대표로 가나안 땅을 정탐하러 간 인물이다. 갈렙은 여호수아와 함께 가나안 정복에 강경파였다. 열 명의 정탐꾼이 가나안 땅을 정복할 수 없다고 부정적인 말을 쏟아낼 때, 여호수아와 함께 갈렙은 긍정적이었다. 여호수아와 갈렙은 가나안 땅이 심히 아름다운 땅이며 젖과 꿀이 흐르는 땅이라고 말했다. 하나님이 기뻐하시면 그 땅을 이스라엘에게 줄 것이라고 주장했다. 아도나이께서 이스라엘과 함께하신다고 백성을 설득했다. 특히 갈렙이 가나안 정복을 아주 쉽게 생각한 것은 그의 발언 "그들은 우리의 먹이라"에서 나타난다(민 14:9). 여기서 "먹이"는 '빵'이다. 빵을 먹듯이 가나안 정복을 쉽게 생각한 것이다. 갈렙은 여호수아와 함께 가나안 땅을 정복하라는 하나님의 명령에 따르고자 하는 의지가 충만했던 사람이다. 이래서 갈렙을 가리켜 "그가 아도나이를 온전히 따랐기 때문이다"하고 평가한다. 이것은 '그가 아도나이를 따라 채워졌기 때문이다'는 뜻으로 그의 마음은 아도나이의 명령을 따르고자 하는 의지로 충만했다, 순종하려는 의지가 가득 찼다는 뜻이다. 이것은 "그가 아도나이를 온 마음으로 따랐다,"[10] 또는 "그가 아도나이께 전적으로 충성했다,"로도 번역할 수 있다.[11] 갈렙은 하나님께 전적으로 충성을 다했던 사람이다. 이래서 그는 심판을 받는 출애굽 세대에서 제외되었다. 그는 후에 가나안 땅에 들어가서 기업의 땅을 차지한다.

출애굽 세대는 가나안 땅에 들어가지 못한다. 이들은 만 이십 세 이상으로 계수함을 받은 자들이다. 이들은 광야를 유랑하다가 죽음을 맞이한다(민 14:29-30). 그러나 출애굽 후세대는 가나안 땅에 들어간다. 이들은 만 이십 세 이하이다. 출애굽 세대는 아이들이 포로로 사로잡힐 것이라고 말했다(민 14:31). 여기에 선악을 분별하지 못했던 아이들이 포함된다(신 1:39).

출애굽 세대와 출애굽 후세대는 나이 만 이십으로 구분할 수 있다. 출애굽 세대는 가나안 땅에 들어가지 못하는 형벌을 받는다. 여기에 모세도 포함된다. 모세 역시 출애굽 세대의 지도자로서 가나안 땅에 들어가지 못한다. 그런데 특이하게도 모세는 가나안 땅에 들어가지 못하는 이유를 이스라엘로 돌린다.

> 나에게도 아도나이께서 너희 때문에 진노하셨다. 말하기를, 너 역시 그곳에 들어가지 못할 것이다(신 1:37).

모세는 가나안 땅에 들어가지 못하는 이유를 "너희 때문"으로 설명한다. 모세는 분명히 가나안 땅을 점령하라는 명령에 거부한 이스라엘과 다르다. 이스라엘이 불순종할 때, 모세는 앞서가시는 하나님을 바라보라고 그들을 설득했다. 이 사건에서 모세는 죄가 없다. 그렇지만 모세는 옛 세대의 지도자로서 출애굽 세대와 함께 가나안 땅에 들어가지 못한다. 왜냐하면 새로운 세대의 지도자는 여호수아로서 여호수아는 신세대와 함께 가나안 땅에 들

---

[10] P. Craigie, *The Book of Deuteronomy* (Grand Rapids, 1976), 99
[11] M. Weinfeld, *Deuteronomy 1-11* (New York, 1991), 145.

어가기 때문이다. 여호수아는 신세대의 지도자로서 가나안 땅을 이스라엘에게 기업으로 줄 것이다(신 1:38). 모세와 여호수아의 운명이 여기서 갈린다.

하지만 모세는 개인적인 잘못도 있다. 므리바 물가 사건이다. 이스라엘이 가데스에 이르렀을 때 마실 물이 없었다. 이에 백성이 모세와 다투며 원망하였다. 이때 하나님은 모세에게 지팡이를 가지고 아론과 온 회중을 모으라고 하신다. 그들 앞에 있는 바위에서 물을 내라고 말하라고 하신다. 바위에서 물이 나와 백성과 가축이 마실 것이라고 하신다. 모세가 백성을 모으고 "반역한 너희여 들으라 우리가 너희를 위하여 이 반석에서 물을 내랴," 하면서 들고 있던 지팡이로 바위를 두 번 쳤다. 그러자 반석에서 물이 나와 백성과 가축이 마셨다(민 20:10-11). 하나님은 이 사건 때문에 모세가 가나안 땅에 들어가지 못할 것이라고 선언하신다. 모세가 하나님을 믿지 않고 하나님의 거룩함을 나타내지 않았기 때문이다(민 20:12). 모세가 가나안 땅에 들어가지 못한 이유는 두 가지이다. 하나는 이스라엘의 지도자로서 출애굽 세대의 불순종 때문에 들어가지 못한 것이다. 다른 하나는 모세의 개인적인 잘못으로 므리바 물가에서 하나님은 반석을 명하여 물을 내게 하라고 하셨는데, "우리가 물을 내랴," 하면서 지팡이로 반석을 쳤기 때문이다.

(4) 청개구리 같은 이스라엘

이스라엘의 불순종에 대하여 하나님은 누가 가나안 땅에 들어가고 누가 들어가지 못할 것인지를 명확하게 하신다. 그리고 이스라엘에게 광야로 들어가라고 명령하신다(신 1:40). 이스라엘에게 사십 년의 광야 유랑의 벌을 내리신 것이다. 하나님의 구체적인 심판이 떨어지자 이스라엘이 무장하고 산지로 올라가서 싸우겠다고 고집을 부린다(신 1:41). 하나님은 모세를 통하여 올라가서 싸우지 말라고, 하나님이 함께하지 않기 때문에 패배할 것이라고 말씀하신다(신 1:42). 하지만 이스라엘은 이 명령을 무시한다. 다시 하나님의 명령을 거역한다.

그리고 내가 너희에게 말했다. 그러나 너희는 듣지 않았다. 오히려 너희는 아도나이의 명령을 거역했고 너희는 건방지게 행동했다. 그리고 너희는 그 산지로 올라갔다(신 1:43).

이스라엘은 마치 청개구리 같다. 올라가서 싸우라고 할 때는 올라가지 않더니 이제 올라가지 말라고 하니까 올라가서 싸우겠다고 말한다. 이스라엘은 고집을 부리고 올라가서 싸운다. 이스라엘은 하나님께 범죄했다고 말했지만, 이들의 고백은 진실하지 않다(신 1:41). 그들의 행동이 그들의 말이 진실하지 않다는 것을 드러낸다. 모세는 이스라엘의 행동을 "아도나이의 명령을 거역했고 너희는 건방지게 행동했다"로 규정한다. "건방지게 행동했다,"는 '거만하게(또는 주제넘게, 뻔뻔하게) 행동했다,'는 뜻이다. 결국 이스라엘은 아모리 인들에게 패했다. 마치 벌 떼에게 쫓기는 것처럼 아모리 사람들에게 쫓겼다. 이들이 하나님께 돌아와서 울었지만, 하나님은 그들의 소리를 듣지 않았다. 이렇게 일차 정복 전쟁은 실패로 끝났다.

모세는 모압 땅에서 율법을 다시 설명하면서 처음부터 이스라엘이 실패한 과거의 전쟁 이야기를 길게 설교한다. 모세가 이 실패를 먼저 이야기한 것은 의도가 있다.

2. 요단 동편 점령 전쟁

가나안 정복 전쟁과 요단 동편 정복 전쟁은 서로 대조를 이룬다. 이스라엘은 광야 유랑을 마치면서 세대교체를 이룬다. 모압과 암몬 사이에 있는 세렛 시내를 건너면서 옛 세대는 다 죽고 새 세대가 주역이 된다(신 2:13-15). 출애굽 세대가 다 멸망한 후에 하나님의 명령이 다시 주어진다.

일어나라 여행하라 그리고 아르논 골짜기를 지나가라, 보라 내가 아모리 헤스본의 왕 시혼과 그의 땅을 너의 손안에 주었다. 시작하라 점령하라 그리고 그에 대항하여 싸우라(신 2:24).

이 명령은 신명기 1장 8절과 유사하면서도 대조를 이룬다. 1장 8절은 가나안 땅인 아모리 산지를 정복하라는 명령이었던 반면에 신명기 2장 24절의 명령은 요단 동편의 땅을 점령하라는 것이다. 여기서 7개의 명령형이 나와서 생동감이 있다.[12] 여기서 명령형 "보라"가 나오는 것이 특이하다. 1장 8절에서도 "보라 내가 너희 앞에 그 땅을 두었다,"로 나왔었기 때문이다. 1장 8절에서는 가나안 땅을 말했던 반면에 여기서는 헤스본의 왕 시혼의 땅을 의미한다. 하나님은 다시 출애굽 후 세대에게 헤스본의 왕 시혼의 땅을 점령하라고 명령하신다. 새로운 세대도 땅을 점령하는 것이 그들의 목표였다.

(1) 헤스본의 왕 시혼과의 전쟁

하나님께서 시혼과 전쟁을 시작하라고 명령하셨지만 모세는 이상하게 평화의 사절단을 보내며 시혼의 땅을 통과하게 해달라고 요청한다. 모세는 하나님의 명령을 거역하는 것처럼 보인다. 그는 시혼의 땅을 통과하여 요단강을 건너 가나안 땅에 들어가기를 원한다(신 2:26-29). 모세의 말은 하나님의 명령에 불순종하는 것 같이 보인다. 모세의 이런 행동은 요단 동편의 땅이 갖는 특수성 때문이다. 왜냐하면 요단 동편의 땅은 약속의 땅이 아니었기 때문이다. 민수기 34장은 약속의 땅의 경계를 말한다. 약속의 땅의 경계에서 남쪽은 애굽 시내와 가데스 바네아이며 북쪽은 호르산이다. 서쪽은 지중해이고 동쪽은 요단강이다(민 34:1-15). 시혼의 땅은 요단강 건너에 있어서 약속의 땅의 경계를 넘어선다. 이래서 모세는 평화의 사절단을 보낸 것이다.

---

12 개역 개정은 "일어나 행진하여 건너라 ... 싸워서 그 땅을 점령하라"로 번역한다. "보라"를 생략했고 "시작하라"를 모호하게 "이제 더불어"로 의역했다.

신명기의 전쟁법에 따르면 약속의 땅 밖에 있는 민족들과는 평화 협정을 맺을 수 있다. 하지만 그 성이 전쟁하기를 원하면 전쟁할 수 있다(신 20:10-15). 모세는 이런 전쟁법에 따라 평화롭게 시혼의 땅을 지나가기를 원했다.

그러나 헤스본의 왕 시혼은 땅을 비켜줄 의향이 없었다. 헤스본의 왕 시혼이 군대를 이끌고 이스라엘을 막아선다. 시혼은 이스라엘이 자기 땅을 지나가는 것을 허락하지 않는다. 모세는 이것을 하나님의 역사라고 해석한다. 하나님이 시혼의 마음을 완고하게 하신 것이다(신 2:30). 마치 바로의 마음이 강퍅했던 것과 같이 시혼의 마음도 강퍅해서 이스라엘을 대적한다. 하나님이 시혼의 땅을 이스라엘에게 주기 위해서 그렇게 하신 것이다. 이때 하나님의 명령이 다시 주어진다.

> 그리고 아도나이께서 나에게 말했다. 보라 내가 시혼과 그의 땅을 너의 앞에 주기 시작하였다. 시작하라 점령하라 그의 땅을 점령하기 위하여(신 2:31).

세 개의 명령형 "보라, 시작하라, 점령하라"가[13] 나와서 생동감을 준다. 하나님은 시혼의 땅을 점령하기 시작하라고 명령하신다. 신명기 2장 24절에 나왔던 명령형이 그대로 나오고 있다. 요단 동편의 땅은 원래 약속의 땅이 아니었지만, 이제 편입된 땅이다. 하나님은 이 전쟁에 함께 하실 것을 약속하신다. 이스라엘이 요단 동편의 땅을 점령하기 위하여 전쟁을 시작함으로 약속의 땅 정복 전쟁이 시작된다. 먼저 하나님은 심리전을 펴신다.

> 이 날 내가 너의 공포와 너의 두려움을 모든 하늘 아래에 있는 그 백성들 앞에 두기 시작할 것이다. 그들이 너의 소문을 들을 것이다. 그리고 그들이 떨 것이며 근심할 것이다, 너 때문에(신 2:25).

---

13 개역 개정은 다시 "보라"를 생략한다. 히브리어는 땅과 관련하여 계속 "보라"를 사용하여 독자들의 주의를 끌고 있다.

고대 전투는 백병전이다. 직접 적을 찌르고 베야 한다. 피를 보는 두려움이 있다. 이스라엘 군인들도 당연히 전투에 앞서 마음의 공포와 두려움이 있다. 하나님은 이스라엘의 두려움과 공포를 적군에게 옮겨 놓으신다. 이러면 이스라엘은 전쟁에 대한 두려움이 사라지지만 적군의 두려움은 배가 될 것이다. 하나님이 전쟁을 시작하기 전에 심리전으로 이스라엘을 돕는 것이다. 이렇게 하나님이 함께 하심으로 이스라엘 주변 국가들이 소문을 듣고 두려워할 것이다.

신명기 20장의 전쟁법에 따르면 이스라엘이 전쟁하는 방법은 두 가지이다. 하나는 약속의 땅 밖에 있는 사람들과 하는 방법이다. 이들과 평화 협정을 맺을 수 있지만, 그 성이 평화를 거절하면 전쟁을 한다. 이때 남자는 죽이고 여자와 아이들을 포로로 사로잡아 올 수 있다(신 20:10-15). 이래서 처음에 모세는 평화의 사절단을 보낸 것이다. 다른 하나는 헤렘 전쟁이다. 가나안 땅에 있는 민족들에게 사용하는 전쟁 방식으로 호흡이 있는 사람들을 다 죽이는 것이다. 이런 전쟁 방식을 사용하는 이유는 그들이 살아남아서 이스라엘을 유혹하여 다른 신을 섬기게 할 것을 방지하기 위한 것이다(신 20:16-18).

이스라엘이 시혼과 전쟁한 방법을 보면 위의 두 가지 방식이 다 나온다. 처음에는 평화 협정을 맺으려고 했지만, 시혼이 군대를 이끌고 이스라엘을 막아섬으로 전투가 시작된다. 이스라엘은 전투를 시작하자 헤렘 전쟁을 한다. 호흡이 있는 사람을 다 죽이는 전쟁 방법이다. 이 전쟁 방법은 요단 동편이 처음에는 약속의 땅이 아니었지만, 후에 편입되었다는 것을 보여준다.

(2) 바산 왕 옥과의 전쟁

이스라엘이 헤스본의 왕 시혼과의 전쟁에서 승리한 후에 바산으로 올라간다. 바산 왕 옥이 군대를 이끌고 나와서 이스라엘을 막아선다. 다시 하나님의 말씀이 모세에게 주어진다. 하나님이 바산을 이스라엘에게 주셨다. 헤스본의 왕 시혼에게 행했던 것과 같이 바산 왕 옥에게 행하라고 하신다. 이에 이스라엘은 바산 왕 옥의 군대를 쳐서 진멸하고 호흡이 있는 자를 하나도 남기지 않는다. 헤렘 전쟁을 수행하여 그 땅을 정복한다. 헤스본의 왕 시혼에게 행했던 것같이 바산 왕 옥에게도 행하고 가축을 취한다(신 3:1-7).

3. 실패와 성공

모세는 설교를 시작하면서 출애굽 후 세대에게 세 번의 전쟁을 말한다. 첫째는 가나안 땅을 정복하려다가 실패한 전쟁이다. 둘째와 셋째는 요단 동편을 점령하는 데 성공한 전쟁이다. 모세는 이 두 전쟁을 비교하여 설교한다. 하나님의 명령에 불순종했을 때, 이스라엘은 전쟁에 실패했고 광야를 사십 년간 유랑했다. 그러나 이스라엘이 하나님의 명령에 순종했을 때, 그들은 전쟁에 성공했고 땅을 정복했다.

모세는 출애굽 세대의 불순종과 실패 그리고 출애굽 후세대의 순종과 성공을 대조하여 설교한다. 모세가 이렇게 처음부터 이 전쟁들을 말한 이유가 있다. 지금 출애굽 후세대는 요단강을 건너 가나안 땅을 정복하려고 한다. 모세는 요단강을 건너가지 못한다. 모세가 없는 상황에서 이스라엘은 하나님의 명령에 순종할 것인가 하는 것이다. 이들이 하나님의 명령에 순종할 때 가나안 땅의 정복 전쟁을 무사히 마칠 것이고 요단 동편의 땅을 차지했던 것처럼 가나안 땅을 기업으로 차지할 것이다. 모세는 출애굽 후세대가 가나안 땅을 정복하라는 하나님의 명령에 순종하기를 바라고 있다.

모세는 처음부터 순종과 불순종을 강조한다. 순종과 불순종은 이렇게 신명기의 큰 신학적 주제이다. 이스라엘은 전쟁이라는 현실 상황에서 하나님의 말씀을 지켜야 한다. 더 나아가 모세는 이스라엘이 가나안 땅에 들어가서 하나님의 법에 순종하기를 원한다. 모세는 신명기 1~3장에서 가나안 정복 전쟁과 요단 동편의 정복 전쟁을 비교한 후에 신명기 4장부터 율법을 설명하기 시작한다. 이스라엘은 이 율법을 가지고 요단강을 건너 가나안 땅에 들어간다. 그곳에서 이 율법을 잘 지킬 때 이스라엘의 미래는 번영하며 밝을 것이다. 이래서 모세는 율법에 잘 순종할 때 얻는 유익을 땅과 관련해서 말한다.

> 그리고 이제 이스라엘아 내가 너희에게 행하도록 가르치는 법규들과 법령들을 들으라. 너희가 살고 아도나이 너희 조상들의 하나님이 너희에게 주시는 그 땅을 들어가고 점령하기 위하여(신 4:1).

모세는 이스라엘에게 율법을 "들으라."고 명령한다. 여기서 "들으라."는 잘 듣고 순종하라는 의미를 담고 있다. 이스라엘이 율법에 잘 순종할 때 얻는 유익은 첫째 생명이다. 이스라엘이 살 수 있다. 둘째 이스라엘은 가나안 땅에 들어가서 그 땅을 점령할 수 있다. 하나님이 약속하신 땅을 기업의 땅으로 차지할 수 있다는 것이다. 이것은 후에 다시 말하겠지만 복과 저주로 나아간다. 가나안 땅에서 율법을 잘 듣고 순종하는 사람에게 복이 임한다. 가나안 땅에서 번영하고 번성할 것이다. 하지만 율법을 듣지 않고 순종하지 않는 사람에게 저주와 재앙이 임한다. 가나안 땅에서 쫓겨날 것이고 포로로 잡혀갈 것이다.

하나님의 명령에 순종하는 것은 큰 유익이 있다. 이것은 비단 신명기만 말하고 있는 사실은 아니다. 성경은 처음부터 하나님이 사람에게 순종을 원하신다는 것을 밝힌다. 하나님이 에덴동산에 각종 과실 나무를 만드셨다. 그리고 아담과 하와에게 모든 과일을 따 먹을 수 있도록 허락하셨다. 그러나 단 한 가지 선악과를 따먹지 말라고 하셨다. 이 선악과를 따먹는 날에는 죽을 것을 분명하게 하셨다. 하나님의 뜻은 인간에게 자유의지를 주시고 순종하기를 원하셨다는 사실이다. 그러나 인간은 하나님의 명령을 어기고 선악과를 따먹었다. 이 일로 인하여 죽음이 이 땅에 들어왔다. 하나님은 아담과 하와에게 순종을 요구하셨지만, 그들은 순종하지 않았다. 이렇게 인류는 처음부터 하나님의 명령에 불순종했다.

순종과 불순종은 비단 구약에서만 강조하는 주제는 아니다. 신약도 순종과 불순종을 강조한다. 하나님은 하나님의 아들 예수 그리스도를 이 땅에 보내셨다. 첫 사람 아담과 이스라엘은 불순종했다. 이스라엘은 광야에서 계속 하나님께 불순종했다. 이스라엘은 가나안 땅에 들어가서도 하나님의 법을 어기고 다른 신을 섬겼다. 다른 신을 두지 말라는 하나님의 음성에 불순종한 것이다. 하지만 하나님의 아들 예수는 이 땅에 오셔서 하나님의 뜻에 순종하여 십자가에서 자기 몸을 희생한다(히 10:5-10). 예수는 하나님의 뜻에 순종함으로 사람에게 구원의 길을 마련하신다. 하나님은 이제 사람이 예수의 음성을 듣고 순종하기를 원하신다. 하나님이 하나님의 아들 예수 그리스도를 이 땅에 보내셔서 세상 죄를 위하여 십자가에서 죽었다는 사실을 믿으라고 하신다. 하나님은 다시 이 마지막 시대에 사람들이 하나님의 아들 예수 그리스도의 음성을 듣고 순종하기를 원하시는 것이다. 이 사실을 믿는 사람들에게는 영생을 주시지만 믿지 않는 사람들에게는 영벌이 주어질 것이다. 이렇게 순종과 불순종은 구약과 신약의 큰 신학적 주제라는 사실을 부인할 수 없다.

03
약속의 땅[14]

우리는 위에서 땅을 점령하라는 하나님의 명령으로 모세의 설교가 시작한다는 사실을 살펴보았다. 땅은 신명기에서 중요한 신학적 주제로 등장한다. 이스라엘의 역사를 둘로 나눠보라고 하면 땅을 차지하기 이전의 역사(창세기부터 신명기까지)와 땅을 차지한 이후의 역사(여호수아부터 열왕기 하)로 나눌 수 있을 것이다. 창세기부터 신명기까지 이스라엘은 가나안 땅을 향해 나아가는 하나님의 백성으로서의 정체성을 가지고 있다. 이스라엘의 여행 목표는 가나안 땅이다. 여호수아부터 열왕기 하까지는 가나안 땅에서의 하나님의 백성으로서 이스라엘이 어떻게 살았는지를 설명한다.

이스라엘은 모세의 지도로 요단 동편을 점령하고 두 지파와 반 지파에게 기업의 땅으로 주었다. 이제 이스라엘은 요단강을 건너 가나안 땅 정복에 나서려고 한다. 하지만 모세는 가나안 땅에 들어가지 못한다. 이래서 모세는 이스라엘이 가나안 땅에 들어가서 어떻게 살아야 하는지를 말한다. 모세는 이스라엘이 약속의 땅에서 하나님의 법을 따라 살기를 바라며 하나님의 법을 다시 설명해 준다. 신명기는 이런 역사적인 상황 가운데서 주어졌다.

---

14 이 부분은 김영욱, 『신명기 I』, 101-245에서 가져와 주제에 맞게 수정하고 보완한 것이다.

1. 신명기 1-3장의 구조 분석

　모세의 설교는 먼저 가나안 땅에 맞추어져 있다. 신명기 1장부터 3장을 분석해 보면 이 사실을 알 수 있다. 가나안 땅을 점령하라는 하나님의 명령(신 1:6-8)이 주어진 후에 이스라엘은 가나안 땅을 점령하기 위해서 사법, 군사적인 조직을 정비한다(신 1:9-18). 이스라엘은 가나안 땅을 정복하려고 나섰지만, 땅을 정복하라는 하나님의 명령에 불순종함으로 실패한다(신 1:9-46). 일차 가나안 정복 전쟁이 실패한 것이다. 하나님의 심판을 받은 이스라엘이 광야를 여행한다. 이 여행의 최종 목적지는 가나안 땅이다. 이래서 이스라엘이 에서, 모압 그리고 암몬 땅을 지나간다(신 2:1-23). 이후 이스라엘은 요단 동편에 있는 헤스본의 왕 시혼의 땅을 점령하고(신 2:24-37) 바산 왕 옥의 땅도 점령하고(신 3:1-11) 땅을 분배한다(신 3:12-17). 요단 동편을 점령한 후에 르우벤과 갓 지파와 므낫세 반 지파가 요단 동편의 땅을 기업으로 받았다. 모세는 이 지파들에게 가나안 땅 정복에 앞장설 것을 명령한다(신 3:18-22). 그 후에 모세는 하나님께 가나안 땅에 들어가기를 간청한다(신 3:23-29). 하지만 하나님은 모세의 기도를 거절하신다. 모세는 가나안 땅에 들어가지 못한다. 이래서 모세는 이스라엘이 가나안 땅에 들어가서 지켜야 할 율법을 다시 설명해 준다.

　신명기 1장부터 3장의 구조는 이스라엘의 여행 목표가 가나안 땅에 맞춰 있음을 볼 수 있다. 위에서도 말했듯이 가데스 바네아에서 일차 정복 실패와 요단 동편의 정복 성공이 대조를 이룬다. 이스라엘은 이미 요단 동편의 땅을 정복해서 기업으로 나누어 가졌지만, 아직 가나안 땅을 정복하지 못한 상태이다. 이런 상황에서 율법이 주어진 것이다.

2. 약속과 성취 사이에서

신명기의 1장부터 3장은 가나안 땅을 목표로 나아간다. 이것은 하나님의 명령에서 그대로 나타난다. 땅을 점령하라는 명령은 신명기 1-2장에서 네 번 나오는데, 가나안 땅 정복과 관련해서 두 번(신 1:8, 21) 그리고 요단 동편의 땅을 점령하라는 명령이 두 번 나온다(신 2:24, 31). 이 네 번의 명령에서 동사 '보다'의 명령형(칼 명령) "보라"(ראה)가 모두 나와서 인상적이다.

> 보라 내가 너희 앞에 그 땅을 두었다. 가라 그리고 점령하라,
> 아도나이께서 너희 조상들에게,
> 아브라함에게 이삭에게 그리고 야곱에게 주기로 맹세하셨던 그 땅을,
> 그들과 그들 후의 그들 자손에게(신 1:8).

이 명령은 이스라엘이 일차 정복 전쟁을 시도할 때, 주어졌다. 하나님은 먼저 "보라 내가 너희 앞에 그 땅을 두었다."고 말씀하심으로 자신이 한 약속을 이루어가심을 강조한다. 이스라엘을 출애굽시켜 가나안 땅으로 데려오신 분이 아도나이이다. 여기서 모세는 하나님이 아브라함과 이삭과 야곱에게 가나안 땅을 주기로 맹세하셨다는 사실을 말한다. "맹세하셨던 그 땅을"(הארץ אשר נשבע)은 관계 대명사로 연결되어서 '그가 맹세하셨던 그 땅'이다. 이 표현은 신명기에서 자주 나온다(신 1:8; 6:10, 23; 8:1; 10:11; 26:3; 31:7, 21, 23; 34:4). 이와 유사한 표현으로 "맹세하신 그 좋은 땅"(הארץ הטובה אשר נשבע, 신 1:35; 6:18)과 "맹세하신 그 땅"(האדמה אשר נשבע, 신 7:13; 11:9, 21; 28:11; 30:20; 31:20)이 나온다.

하나님은 이스라엘의 시조 아브라함을 부르셨을 때부터 땅을 언급하셨다. 아브라함에게 하나님이 보여주실 땅으로 가라고 명령하셨다(창 12:1). 아브라함이 가나안 땅에 들어와서 세겜 땅에 도착했을 때, 하나님이 이 땅을 아브라함의 자손에게 주실 것을 약속하셨다(창 12:7). 여기서 아브라함의 후

손인 이스라엘이 나아가야 할 방향이 정해진 것이다. 이스라엘은 가나안 땅을 향해 부름을 받은 존재이다. 이 약속은 계속 반복되어 나타난다. 아브라함의 조카 롯이 아브라함을 떠나 소돔과 고모라로 나아갔을 때, 하나님이 다시 아브라함과 후손에게 가나안 땅을 영원히 주실 것을 약속하셨다(창 13:14-18).

하나님의 약속은 점점 구체적으로 드러난다. 약속은 이제 의식과 함께 언약으로 발전한다. 하나님이 아브라함에게 환상 중에 나타나셔서 아브라함을 보호해 주시며 상을 주실 것을 말씀하신다(창 15:1). 이때 하나님은 다시 가나안 땅을 주실 것을 확언한다. 아브라함에게 가나안 땅을 주시려고 갈대아 우르에서 인도해 내셨다고 하신다(창 15:7). 그러자 아브라함이 이 땅을 소유로 받을 것을 어떻게 알 수 있느냐고 질문한다. 이 질문에 하나님은 아브라함의 후손이 가나안 땅을 차지하는 역사를 예언적으로 말씀하신다. 이스라엘 자손이 외국 땅에서 나그네가 되어 사백 년 동안 고난 중에 있다가 하나님이 그 나라를 치심으로 이스라엘이 큰 재물을 이끌고 나와서 이 땅으로 돌아올 것을 말씀하신다(창 15:13-16). 하나님은 이스라엘의 미래 역사를 짧게 말씀해 주신다. 그런데 이 짧은 미래 역사에 창세기부터 여호수아까지의 역사가 요약되어 나온다. 가나안 땅을 주시겠다는 약속이 이스라엘의 미래 역사를 형성하고 있다. 여기서 이스라엘의 역사를 보는 관점이 나온다. 약속이 성취를 향하여 나아가는 구도이다. 약속과 성취 구도는 하나님이 아브라함에게 하신 약속은 모세가 요단 동편을 점령함으로 시작하여 여호수아 때에 성취되기 때문이다.

하나님은 이 약속의 확실성을 위해 아브라함과 언약을 맺으신다. 하나님의 명령에 따라 아브라함은 삼 년 된 암소, 암염소, 숫양과 산비둘기와 집비둘기를 가져다가 가운데를 쪼개 놓는다. 이때 비둘기는 쪼개 놓지 않았다(참고 레 5:7-8). 쪼개 놓은 고기 사이로 불이 지나갔다(창 15:17). 이는 언약을 맺는 의식이다.15 고기를 쪼개 놓고 언약의 파트너가 지나가는 것이다. 이렇게 언약을 세우는 모습은 예레미야에서 볼 수 있다. 시드기야 왕 때, 유대인들이 히브리 노비를 풀어주기로 언약을 맺는다. 언약을 체결할 때, 송아지를 둘로 쪼개 놓고 언약을 맺는 사람들이 그 쪼갠 고기 사이로 지나갔다. 하지만 후에 언약을 맺었던 사람들이 자유를 주었던 노비를 다시 사로 잡아 왔다. 언약을 깨뜨린 것이다. 이때 하나님은 언약을 깨뜨린 사람들에게 저주를 선언하신다. 칼과 기근과 전염병이 올 것을 그리고 예루살렘이 망할 것을 말씀하신다(렘 34:8-22).

하나님이 아브라함과 언약을 세울 때, 우리가 주목해야 할 사실은 쪼갠 고기 사이로 불이 지나갔고 아브라함은 지나가지 않았다는 것이다. 불은 하나님 편을 의미한다(신 4:24, 겔 1:26-28). 이것은 하나님 편에서 이 언약을 지킬 의무와 책임이 있다는 것이다.16 사실 가나안 땅을 아브라함과 그의 후손에게 주시겠다는 약속은 아브라함 편에서 지킬 의무가 없다. 하나님의 일방적인 약속이다. 또한 아브라함은 그의 후손이 땅을 얻을 때까지 살 수도 없다.

하나님은 아브라함에게 땅을 차지하게 될 역사를 말한 후에 언약을 세웠다. 그리고 하나님은 가나안 땅의 경계를 말씀하시며 가나안 땅에 사는 민족들의 이름을 거론하신다(창 15:18-21). 가나안 땅을 주시겠다는 약속은 이

---

15 하젤은 이 의식을 마리 문헌에 근거하여 "언약 비준 희생"이라고 부른다. G. F. Hasel, "The Meaning of the Animal Rite in Genesis 15," *JSOT* 19 (1981), 61-78. 이 논문에 대한 웬함의 글도 참고하라. G. J. Wenham, "The Symbolism of the Animal Rite in Genesis 15: A Response to G. F. Hasel, *JSOT* 19 (1981) 61-78," *JSOT* 22 (1982), 134-137. 노트 역시 마리 문헌에 근거하여 이것을 "언약 맺는 행동의 본질적인 부분"이라고 말한다. M. Noth, "Old Testament Convenant-Making in the Light of a Text from Mari," in *The Laws in the Pentateuch and Other Studies* (London, 1984), 109. 이런 주장이 나오는 것은 마리 문헌에 당나귀를 죽이는 의식이 나오기 때문이다. *ANET*, 482

16 쿠취는 언약을 "의무"로 이해하며 아브라함 언약을 아도나이의 "자기 의무"로 이해한다. E. Kutsch, *Verheissung und Gesetz* (Berlin, 1973), 66~68. 로핑크는 언약을 의무로 이해하는 것에 반대하며 언약을 "맹세"로 이해한다. N. Lohfink, *Die Landverheißung als Eid* (Stuttgart, 1967), 101.

삭에게 이어졌고(창 26:3-4) 다시 야곱에게 주어졌다(창 28:13-14).

아브라함에게 하신 약속은 이제 모세 때에 이루어지기 시작한다. 하나님은 모세를 보내서 이집트에서 종노릇하고 있던 이스라엘을 인도해 내셨다. 이집트를 빠져나온 이스라엘은 가데스 바네아까지 왔다. 하나님은 조상들에게 한 약속을 지키기 위하여 이스라엘을 가나안 땅 앞까지 데려왔다. 하나님의 약속이 성취되려고 하는 것이다. 하나님은 이런 이스라엘에게 가나안 땅을 정복하라고 명령하신다. "보라 내가 너희 앞에 그 땅을 두었다. 가라 그리고 점령하라"(신 1:8). "보라"가 인상적이다. 하나님이 조상들에게 하신 약속을 이루신다는 것을 강조한다. 가나안 땅을 정복하라는 하나님의 명령은 다시 반복된다.

> 보라 아도나이 너의 하나님이 너의 앞에 그 땅을 두었다,
> 　　올라가라, 점령하라,
> 　　아도나이 너의 조상들의 하나님이 너에게 말씀하셨던 대로,
> 　　두려워 말라 그리고 당황하지 말라(신 1:21).

하나님은 출애굽 세대에게 아모리 산지로 "올라가라," "점령하라," "두려워 말라 그리고 당황하지 말라"하고 명령하신다. 이 명령형들에서 동사 '올라가다,'(עלה)는 이스라엘의 첫 번째 정복 전투 이야기에서(신 1:19-46) 9회나 사용된 핵심 단어이다. "올라가라,"는 하나님의 명령에 따라 이스라엘은 어느 길로 올라갈 것을 결정하기 위하여 먼저 정탐꾼은 올려보낸다(신 1:22, 24). 정탐꾼이 돌아와서 그 땅은 좋다고 보고한다. 그러나 이스라엘은 가나안 땅으로 올라가기를 거절한다(신 1:26). 그 땅의 성은 높고 거인족인 아낙 자손이 산다는 말을 정탐꾼에게서 들었기 때문이다. 이에 이스라엘은 어디로 올라가야 하는지 그 방향을 상실하고 하나님께 불평한다(신 1:28). 가나안 땅을 점령하라는 하나님의 명령에 반역하자 이스라엘은 목표를 상실한 것이다. 이스라엘이 하나님의 명령에 불순종하자 하나님은 이스라엘에

게 광야로 들어가라는 심판을 내린다. 광야에서 40년 동안 유랑하라는 심판이다. 이에 이스라엘은 아모리 산지에 올라가서 싸우겠다고 말한다(신 1:41). 하지만 하나님은 올라가지 말라고 하신다(신 1:42). 이스라엘은 다시 하나님의 명령에 불순종하고 아모리 산지로 올라간다(신 1:43). 이스라엘은 올라가서 싸우라고 할 때는 올라가지 않더니 올라가지 말라고 할 때는 다시 올라갔다. 결과는 이스라엘의 참패였다. 이 사건은 이스라엘의 불순종을 선명하게 보여준다.

가데스 바네아에서 이스라엘이 가나안 땅을 정복하라는 하나님의 명령에 불순종함으로 이스라엘은 광야에서 유랑한다. 모세는 그 유랑의 세월을 짧게 설교한다(신 2:1-25). 이스라엘이 에서의 땅, 모압의 땅 그리고 암몬의 땅을 지나서 헤스본의 왕 시혼의 땅에 도착했다. 모세는 시혼의 땅을 지나 요단강을 건너 가나안 땅으로 가려고 한다. 모세는 평화의 사절단을 보내서 시혼의 땅을 통과하도록 요청한다(신 2:26-28). 그러나 시혼은 모세의 요청을 거절하며 군대를 동원하여 이스라엘을 대적하여 전쟁이 일어난다. 이 전쟁에서 하나님의 명령이 다시 나타난다.

> 일어나라, 여행하라, 그리고 아르논 골짜기를 지나가라,
> 보라 내가 아모리 헤스본의 왕 시혼과 그의 땅을 너의 손 안에 주었다.
> 시작하라, 점령하라 그리고 그에 대항하여 전쟁으로 싸우라(신 2:24).

명령형이 계속 나와서 하나님의 명령에 생동감이 있다. 출애굽 세대가 가나안 정복 전쟁에서 실패한 이후 출애굽 후세대가 다시 가나안 정복 전쟁에 나선다. 이 전쟁은 요단 동편의 땅을 정복함으로 시작한다. 원래 이 땅은 약속의 땅이 아니라 후에 편입된 땅이었다.[17] 하나님이 아브라함에게 가나

---

[17] 이스라엘이 가나안 땅 정복 전쟁을 마치고 요단 동편의 두 지파와 반 지파는 요단 동편으로 돌아간다. 이들이 돌아가면서 요단강에 큰 제단을 쌓았다. 이 일로 이스라엘이 실로에 모여서 전쟁하러 가자고 한다. 내전이 발발할 위기에 처한다. 이스라엘은 이 큰 제단을 중앙 성소의 법을

안 땅을 주시기로 언약을 세웠을 때, 약속하신 땅의 경계에서 동편이 모호하며 경계가 명확하게 나오지 않는다(창 15:18). 모세는 가나안 땅의 동쪽 경계를 요단강으로 명확하게 말했다(민 34:10-12). 이래서 처음에 모세는 헤스본 왕 시혼의 땅을 지나가자고 요구했다(신 2:26-29). 하지만 시혼이 길을 내주지 않음으로 전쟁이 발발했다. 모세는 시혼이 완강하게 나온 것은 하나님의 계획이었다고 말한다(신 2:30). 하나님이 이 땅을 기업으로 주시려고 한 것이다. 하나님은 시혼과 전쟁하여 그 땅을 점령하라고 명령하신다.

그리고 아도나이께서 나에게 말했다,
보라 내가 시혼과 그의 땅을 너의 앞에 주기 시작하였다,
시작하라, 점령하라, 그의 땅을 점령하기 위하여(신 2:31).

가나안 땅을 주시겠다는 약속은 요단 동편의 땅을 점령하려는 전쟁으로 이루어지기 시작한다. 이 명령에 따라 모세는 요단 동편의 시혼의 땅과 바산 왕 옥의 땅을 점령하여 르우벤과 갓 지파 그리고 므낫세 반 지파에게 기업의 땅으로 주었다(신 3:12-13). 이제 이스라엘은 이미 요단 동편의 땅을 정복하여 차지했지만, 아직 가나안 땅을 정복하지 못했다. 이스라엘은 하나님이 조상들에게 약속하신 땅을 점령해야 할 과제가 남아 있었다. 이스라엘은 약속과 성취 사이에 서 있는 것이다. 요단 동편의 땅을 점령하고 분배한 것은 가나안 땅의 점령과 분배를 예표하고 있다. 이스라엘이 하나님의 명령에 순종할 때, 약속의 땅 정복은 순조로이 이루어질 수 있다. 이런 상황에서 모

위반한 것으로 판단한다(신 12:1-14). 이때 이스라엘이 요단 동편의 지파들에게 이런 말을 한다. "그런데 너희의 소유지가 만일 깨끗하지 아니하거든 여호와의 성막이 있는 여호와의 소유지로 건너와 우리 중에서 소유지를 나누어 가질 것이니라 오직 우리 하나님 여호와의 제단 외에 다른 제단을 쌓음으로 여호와를 거역하지 말며 우리에게도 거역하지 말라"(개역 개정, 수 22:19). 여기서 우리는 가나안 땅에 있는 지파들이 요단 동편을 부정한 땅으로, 포기해도 될만한 땅으로 여기고 있다는 사실을 발견할 수 있다. 이들이 이렇게 생각한 것은 요단 동편의 땅은 약속의 땅이 아니라 편입된 땅이기 때문이다.

세가 율법을 출애굽 후 세대에게 다시 설명하고 있다.

3. 하나님의 선물

하나님은 이스라엘의 조상들인 아브라함과 이삭과 야곱에게 가나안 땅을 주기로 맹세하셨다(신 1:8, 35). 하나님이 땅을 주시는 분이다. 하나님이 그 약속에 따라 이스라엘을 출애굽 시켜 가나안 땅으로 인도하셨다. 역사 속에서 하나님이 약속을 이루어 나가시는 것이다. 이래서 이스라엘의 역사는 가나안 땅을 향해 나아간다. 약속의 성취를 향하여 나아가는 것이다.

하나님이 땅을 주시는 분이라는 사실은 동사 '주다'(נתן)를 통하여 잘 나타난다.

> 보라 내가 너희 앞에 그 땅을 두었다(נתן), 나아가라 그리고 아도나이께서 너희 조상들에게, 아브라함에게 이삭에게 그리고 야곱에게 그들과 그들 후의 그들 자손들에게 주기로(נתן) 맹세하였던 그 땅을 점령하라(신 1:8).

하나님은 아브라함의 후손에게 주기로 맹세하셨던 땅 앞으로 이스라엘을 인도해 오셨다. 하나님은 이스라엘에게 그 땅을 점령하라고 명령하신다. 하나님은 모든 민족에게 기업의 땅을 주시는 분이다. 하나님은 이스라엘에게 가나안 땅을, 에서의 자손에게 세일 산을(신 2:5), 롯의 아들 모압에게 아르를 그리고 암몬에게 암몬의 땅을 주셨다(신 2:9, 19).

> 너희는 그들과 싸우지 말라, 왜냐하면 내가 그들의 땅을 너희에게 주지(נתן) 않을 것이기 때문이다, 발바닥으로 밟는 부분까지, 왜냐하면 내가 세일 산을 에서에게 소유로 주었기(נתן) 때문이다(신 2:5).

하나님이 각 민족에게 기업을 주시는 분이다. 이래서 하나님은 이스라엘이 에돔, 모압과 암몬의 땅을 지나갈 때, 그들과 싸우지 말라고 명령하신다. 그들의 땅을 이스라엘에게 기업으로 주지 않았기 때문이다. 하나님이 기업의 땅을 주심으로 에돔, 모압과 암몬은 그 땅에 이미 살았던 민족들을 쫓아내고 그 땅을 차지하고 살았다.

> 그리고 호리 인들이 옛날에 세일에서 살고 있었다, 그러나 에서의 아들들이 그들을 점령하였고 그들을 그들 앞에서 멸망시켰다, 그리고 그들이 그들 대신에 살았다, 이스라엘이 아도나이께서 그들에게 주셨던(נתן) 그의 소유의 땅에 행한 것 같이(신 2:12).

여기서 이스라엘은 가나안 땅 정복의 정당성과 합법성을 찾는다. 하나님이 에돔에게 세일을 기업으로 주셨다. 그래서 에돔이 세일에 살고 있던 호리 인들을 내쫓고 거기에 살았다. 이와 마찬가지로 이스라엘이 가나안 주민을 쫓아내고 그 땅에 살았다. 이 모든 일은 하나님이 이스라엘에게 가나안을 기업으로 주셨기 때문에 가능한 일이라는 것이다.

하나님의 구원은 이스라엘을 출애굽 시켜서 가나안 땅으로 인도하는 것이다. 하나님이 조상들에게 하신 약속을 성취하는 것이다. 하나님이 이 약속을 이루기 위하여 이스라엘을 가나안 땅 앞까지 인도해 왔지만, 불행하게도 출애굽 세대는 가나안 땅을 점령하라는 하나님의 명령에 불순종한다. 이에 하나님은 불순종한 출애굽 세대를 심판하신다. 출애굽 세대와 그들의 지도자인 모세는 가나안 땅에 들어가지 못한다.

> 이 악한 세대의 이 사람들 중에서 한 사람도 볼 수 없을 것이다, 내가 너희 조상들에게 주기로(נתן) 맹세했던 그 좋은 땅을(신 1:35).

하나님은 불순종한 출애굽 세대를 "악한 세대"의 사람들이라고 부르며 가나안 땅에 들어가지 못하는 심판을 내리셨다. 모세 역시 그 땅에 들어가지 못한다. 하지만 갈렙과 여호수아 그리고 만 이십 세 이하의 사람들은 그 땅에 들어간다. 여호수아는 새로운 세대의 지도자로 이스라엘을 인도하여 가나안 땅을 기업으로 차지하게 한다(신 1:38). 여기서 우리는 출애굽 세대 가운데 갈렙이 가나안 땅에 들어가는 이유를 살펴볼 가치가 있다.

> 여러분네의 아들 갈렙은 제외하고 그는 그것을 볼 것이다, 그리고 그에게 내가 그가 밟았던 그 땅을 줄 것이다, 그리고 그의 자녀들에게, 그가 아도나이를 온전히 따랐기 때문이다(신 1:36).

갈렙은 가나안 땅을 볼 수 있고 그 땅에 들어갈 수 있는 이유는 순종했기 때문이다. 여기서 "그가 아도나이를 온전히 따랐기 때문이다,"는 '그가 아도나이를 따라 채워졌기 때문이다,'로 직역할 수 있다. 갈렙은 아도나이로 가득 찼다. 이는 그가 아도나이의 명령을 따르려는 의지가 충만했다는 의미이다. 이것은 "그가 아도나이를 전심으로 따랐기 때문이다,"로도 번역할 수 있다(Luther와 Fox의 번역). 갈렙은 전적으로 아도나이께 충성했다는 뜻이다(NJPS, Weinfeld의 번역). 갈렙은 가나안 땅 정복에 강경파였다. 열 명의 정탐꾼이 가나안 땅에 거인족이 살고 그 성은 높고 튼튼하다고 말했을 때, 갈렙은 동요하는 백성을 진정시키며 그 땅을 충분히 정복할 수 있다고 말했다(민 13:30).

하나님이 이스라엘에게 주시기로 약속한 가나안 땅은 좋은 땅이다. 열두 명의 정탐꾼 역시 가나안 땅의 열매를 가지고 돌아와서 다음과 같이 보고했다.

> 아도나이 우리의 하나님이 우리에게 주시는(נתן) 그 땅은 좋다(신 1:25).

하나님이 주시는 가나안 땅은 하나님의 선물로 좋은 땅이다. 정탐꾼들이 "그 땅은 좋다"고 보고한 것은 "젖과 꿀이 흐르는 땅"으로 표현되었다(신

6:3). 이 표현은 가나안 땅의 비옥함과 풍성함을 나타낸다. 젖은 가축의 우유이다. 이스라엘이 그 땅에서 목축하여 우유뿐만 아니라 고기, 치즈, 가죽과 털을 얻을 수 있다. 꿀은 실제 벌이 생산하는 것과 더불어 과일을 말린 것을 의미한다. 실제 가나안 땅에는 요단강이 흐르고 샘과 시내가 있어서 목축과 농업을 할 수 있는 비옥한 땅이다(신 8:7). 밀과 보리를 재배할 수 있어서 빵을 먹는 데 부족함이 없다. 모세는 계속해서 가나안 땅을 좋은 땅이라고 말한다.

> 그리고 너는 먹을 것이며 너는 만족할 것이다, 그리고 너는 아도나이 너의 하나님을 찬양할 것이다, 그가 너에게 주었던(נתן) 그 좋은 땅 위에서(신 8:10).

이스라엘은 가나안 땅을 정복한 후에 그 땅의 소산을 먹고 만족할 것이다. 이스라엘은 좋은 땅을 주신 하나님을 찬양할 것이다. 하나님이 이스라엘에게 기업으로 가나안 땅을 주신다. 땅은 이스라엘의 생존 터전이다. 이스라엘은 땅을 지파 별로 분배한다. 지파는 다시 가족 별로, 가족은 다시 만 이십 세 이상의 남자들에게 땅을 준다. 이스라엘은 이 땅에서 농업과 목축을 해서 그 땅에서 나온 소산으로 먹고살 수 있다. 경제적인 독립을 이루는 것이다. 경제적인 독립을 통해서 이스라엘 백성은 그 누구에게도 종속되지 않고 서로 평등한 삶을 살 수 있다. 그 땅에서 하나님만을 잘 섬기며 살아가면 된다. 이스라엘에 인간 왕이 등장하기 전에는 백성을 다스리는 지배 계층이 없어서 정치적으로 모두가 평등한 상태로 자유를 누리며 살아가는 것이다. 하나님은 이스라엘에게 땅을 주심으로 이스라엘이 경제적 독립과 정치적 평등을 누릴 수 있는 평화로운 나라를 건설하고자 하신다. 이상적인 사회이다.

가나안 땅은 하나님이 조상들에게 주시기로 약속한 땅이다. 하나님이 이스라엘에게 주시는 선물이다. 하나님은 이 땅을 주시면서 이스라엘에게 약속의 땅에서 하나님의 율법에 순종할 것을 요구하신다.

그리고 이것이 있을 것이다, 만일 너희가 내가 오늘날 너희에게 명령하는 나의 명령들을 확실히 듣는다면, 아도나이 너희 하나님을 사랑하고 그를 너희 온 마음과 온 영혼으로 섬기기 위해(신 11:13).

여기서 "나의 명령들"은 하나님의 율법을 의미한다. 이스라엘이 만일 하나님의 명령에 순종하며 아도나이를 온 마음으로 사랑하면, 이런 일이 있을 것을 말한다. 조건이 충족될 때 즉 이스라엘이 하나님의 말씀에 순종할 때, 하나님이 그 땅에 적절한 때에 비를 내리신다.

그리고 내가 너희의 땅에 비를, 그의 때에 이른 비와 늦은 비를 줄 것이다, 그리고 네가 너의 곡물과 너의 포도주와 너의 새 기름을 거둘 것이다 (신 11:14).

하나님이 하늘에서 이른 비를 주신다. 이 비는 10월 마지막부터 12월 초까지 내린다. 이른 비가 내림으로 이스라엘은 여름 동안에 메마른 땅을 갈아엎고 파종할 수 있다. 농사를 지을 수 있다. 늦은 비는 3~4월에 내린다.[18] 이 비가 와서 작물이 성장하며 익는다. 이렇게 비가 적절한 때에 와야 이스라엘이 농사를 짓고 곡물과 포도주와 올리브기름을 거둘 수 있다. 이스라엘이 하나님의 법에 잘 순종할 때, 하나님이 농업에 복을 주셔서 먹고살 것이 있게 하신다. 하나님이 이스라엘의 삶에 관심을 두시며 관여하고 계신다. 이래서 모세는 가나안 땅에 하나님의 관심이 있다고 말한다.

아도나이 너의 하나님이 찾으시는 땅, 계속 너의 하나님 아도나이의 눈들이 그것 위에 있다, 년 초부터 년 말까지(신 11:12).

---

[18] 탈굼 프쉬도 요나단과 시프레 신명기(Sifre Deut. 86)는 이른 비는 Marheshwan(10~11월)에 그리고 늦은 비는 Nisan(3~4월)에 내린다고 설명한다.

가나안 땅은 "하나님이 찾으시는 땅"이다. 이것은 하나님이 보고 계시는 땅이라는 뜻이다. 하나님이 살펴보시며 감독하는 땅이다. 70인경(LXX)은 '돌보시는,' '지켜보고 계시는'(ἐπισκοπεῖται)으로 번역한다. 하나님은 하나님의 선물인 약속의 땅에 관심을 두신다. 그 땅에 사는 사람들에게 율법을 듣고 순종할 것을 요구한다. 이 요구에 순종할 때, 이 땅에서 삶이 번성하며 번창한다. 이스라엘의 날들이 길어질 것이다. 하지만 이스라엘이 율법에 순종하지 않고 다른 신을 섬기면 상황은 달라진다. 하나님의 진노로 비가 오지 않아서 땅이 소산물을 주지 않는다. 이스라엘은 가나안 땅에서 속히 망할 것이다(신 11:16-17).

하나님은 약속의 땅에서 약속의 후손인 이스라엘에게 하나님의 말씀에 순종하라고 하신다. 이스라엘이 가나안 땅에서 어떻게 반응할 것인지에 따라 그들의 운명이 달라진다. 순종할 때, 번영과 번성이 있지만, 불순종할 때 멸망이 있을 것이다. 약속의 땅은 이스라엘에게 말씀에 순종할 것을 요구하는 땅이다.

4. 땅과 법

이렇게 가나안 땅은 하나님의 법과 밀접한 관련이 있다. 모세는 이스라엘이 하나님의 법에 순종할 때, 가나안 땅 정복을 성공적으로 수행할 수 있다고 선언한다.

> 그리고 이제 이스라엘아 내가 너희에게 행하도록 가르치는 법규들과 법령들을 들으라, 너희가 살고 들어가고 아도나이 너희 조상들의 하나님이 너희에게 주시는 그 땅을 점령하기 위하여(신 4:1).

모세는 이스라엘에게 "들으라"하고 명령한다. 이스라엘이 들어야 할 것은 "법규들과 법령들"이다. "법규들과 법령들"은 복수(개역 개정은 단수 "규례와 법도")에서 보여주듯이 율법의 세부 조항들을 의미한다. 여기서 "들으라,"는 율법을 듣고 순종할 것을 말한다. 이스라엘이 법규들과 법령들을 들어야 할 목적은 세 가지로 나온다. 이스라엘이 법을 잘 지킬 때, 첫째, 이스라엘은 살 수 있다. 생명을 유지할 수 있다. 둘째, 이스라엘은 하나님이 주시기로 약속한 땅인 가나안 땅에 들어갈 수 있다. 셋째, 비록 그 땅에 아낙 족속인 거인 족이 살고 있고 그 성은 높고 튼튼하지만, 이스라엘이 그 땅을 정복할 수 있다. 이렇게 약속의 땅은 이스라엘에게 율법을 지킬 것을 요구한다.

> 그리고 이것은 너희를 가르치기 위하여 아도나이 너희 하나님이 명령하셨던 명령, 법규들과 법령들이다, 너희가 그것을 점령하기 위하여 거기로 건너가는 땅 안에서 행하도록(신 6:1).

모세가 이스라엘에게 가르치는 법규들과 법령들은 이스라엘이 점령하려고 들어가는 가나안 땅에서 지켜야 할 법들이다. 이렇게 약속의 땅은 율법과 밀접하게 연관되어 있다. 이스라엘은 약속의 후손으로 약속의 땅에서 하나님이 주신 율법을 지켜야 한다. 이스라엘은 아직 영토가 없지만, 이제 가나안 땅을 정복하여 하나의 나라로 존재하려고 한다. 하나님이 선물로 주시는 땅에서 하나님의 백성은 하나님이 주신 법을 지켜야 한다. 하나님이 약속의 땅에서 하나님의 백성인 이스라엘을 통치하시는 것이다.

> 네가 아도나이 너의 하나님을 경외하기 위하여, 내가 너에게 명령하는 모든 그의 법규들과 명령들을 행함으로, 너와 너의 아들과 너의 아들의 아들이, 너의 삶의 모든 날들에, 그리고 너의 날들이 연장되기 위하여(신 6:2).

이스라엘이 가나안 땅에서 하나님을 경외하는 방법은 율법을 준행하는 것이다. 이스라엘이 약속의 땅에서 하나님의 법을 잘 지킬 때, 이스라엘은 가나안 땅에서 번영할 것이다. "너의 날들이 연장되기 위하여,"는 날들이 길어지는 것을 뜻한다. 개인적으로는 장수하며 국가적으로는 번영하며 번성할 것을 의미한다. 나라가 계속 존속하는 것이다. 이스라엘이 가나안 땅에 들어가서 계속 나라를 유지하며 번성할 수 있는 길은 율법을 준수하는 것이다. 모세는 계속 율법 준수를 반복하여 강조한다.

> 그리고 너는 들어야 한다, 이스라엘아 그리고 너는 행하는데 주의해야 한다, 이것이 너에게 잘되기 위해, 그리고 너희가 매우 많아지기 위해, 아도나이 너의 조상들의 하나님이 너에게 말했던 대로, 젖과 꿀이 흐르는 땅에서(신 6:3).

이스라엘은 하나님의 법을 듣고 준행하는데 주의를 기울여야 한다. 율법 순종은 두 개의 목적이 있다. 하나는 이스라엘이 잘되기 위한 것이다. 이스라엘의 번영과 행복을 위해서이다. 다른 하나는 이스라엘이 수적으로 많아지기 위해서이다. 인구가 많아지는 것은 경제력과 군사력이 강해지는 것이다. 하나님의 선물인 땅은 하나님의 백성에게 하나님의 법을 지킬 것을 요구한다. 이스라엘의 번성과 번영은 율법 준수에 달려 있다. 율법은 어떤 철학 사상이나 이상적인 법을 말하는 것이 아니다. 이스라엘의 생존을 위한 것이다. 율법 준수는 이스라엘이 복을 받고 약속의 땅에서 생존하는 실제적인 방법이다.

04
시내산 신현[19]

모세는 약속의 땅에 들어가지 못하기 때문에 모압 땅에서 출애굽 후 세대에게 율법을 다시 설명해 준다. 출애굽 후세대는 가나안 땅 일차 정복 전쟁 때, 만 이십 세 미만인 사람들과 광야에서 새로 태어난 사람들이다. 모세는 이들에게 율법을 다시 설명해 주면서 가장 먼저 시내산에 나타난 하나님을 잊지 말라고 권면한다. 시내산 신현 사건을 회고하는 것이다.

오직 너 자신을 조심하라 그리고 너의 영혼을 잘 지켜라, 너는 너의 눈들이 보았던 그 일들을 잊지 않도록, 그리고 그것들이 너의 마음으로부터 떠나지 않도록, 너의 삶의 모든 날들에, 그리고 너는 그것들을 너의 아들들에게 그리고 너의 아들들의 아들들에게 알게 해야 한다(신 4:9).

모세는 이스라엘에게 "조심하라" 그리고 "지켜라"하고 명령한다. 흥미롭게도 이 두 단어는 같은 단어 '샤마르'(שמר)이다. "조심하라,"는 '샤마르'의 니팔 명령형이며 "지켜라,"는 칼 명령형이다. 모세는 청중에게 스스로 조

---

[19] 이 부분은 김영욱, 『신명기 I』, 251-328에서 가져와 주제에 맞게 수정하고 보완한 것이다.

심하라고 권면하는데, 이스라엘이 직접 눈으로 보았던 것을 잊지 않고 마음에서 흘려보내지 않도록 조심하라고 말한다. 이스라엘이 보았던 것을 잊지 말고 평생 마음에 잘 간직하라는 의미이다. 이 권면을 생각해 보면 사람의 시각은 한계가 있다. 직접 보았던 것도 시간이 지나가면 희미해질 수 있다. 더 나아가 모세는 후손들에게 이 사건을 교육하라고 명령한다. 이스라엘이 목격한 것을 후세대에게 전수하라는 것이다.

그렇다면 이제 이스라엘이 목격했던 것이 무엇이냐 하는 질문이 나온다. 그것은 시내산 신현 사건이다.

> 네가 호렙에서 너의 하나님 아도나이 앞에 서 있던 날, 아도나이께서 나에게 말씀하셨을 때, 그 백성을 나에게 모으라, 그러면 내가 그들에게 나의 말들을 들려주겠다, 그들이 나를 두려워하는 것을 배우기 위하여, 그들이 그 땅 위에 사는 모든 날들에, 그리고 그들이 그들의 아들들을 가르치기 위하여
> (신 4:10).

이스라엘이 잊지 말고 기억해야 할 사건은 시내산의 신현의 날이다. 하나님이 이스라엘에게 모습을 보이신 날이다. 하나님이 직접 나타나서 하나님의 말씀을 들려준 사건이다. 이스라엘 역사에서 가장 장엄한 순간이다. 하나님이 이스라엘의 모든 백성 앞에서 모습을 드러내셨기 때문이다. 사실 구약에서 하나님의 모습이 나타난 사건이 많이 있지만,[20] 하나님이 가장 장엄

---

[20] 시내산 사건 외에 구약에서 신현 사건은 자주 나타났다. 하나님이 아브라함과 언약을 맺은 사건(창 15:1; 17:1), 마므레에서 사람의 모습으로 나타난 사건(창 18:1), 아브라함에게 아도나이의 사자로 나타난 사건(창 22:11), 벧엘에서 야곱에게 꿈에 나타난 사건(창 28:13), 모세에게 불타는 가시나무에서 나타난 사건(출 3:2), 하나님이 모세에게 등을 보이시며 이름을 선포한 사건(출 34:5), 성막에서 구름으로 나타난 사건(출 40:34), 아도나이의 사자로 기드온에게 나타난 사건(삿 6:11), 말씀으로 사무엘에게 나타난 사건(삼상 3:21), 다윗에게 불로 나타난 사건(대상 21:26), 성전에서 불과 구름으로 나타난 사건(대하 7:1, 2), 갈멜산에서 엘리야에게 불로 나타난 사건(왕하 18:38), 미가야와 이사야가 하늘 보좌에 앉으신 하나님을 본 사건(왕상 22:19; 사 6:1), 그발강에서 에스겔이 하나님의 영광을 본 사건(겔 1:26~28), 다니엘이 보좌 위에 앉아계신 하나님을 본 사건(단 7:9-10) 등이 있다. 이 많은 신현 사건 가운데 가장 자세하게 하나님의

하게 그의 모습을 나타낸 사건은 단연 시내산 신현 사건이다. 하나님이 직접 나타나서 하나님의 말씀을 들려주시는 이유는 첫째, 이스라엘이 하나님을 경외하는 것을 배우고 둘째, 자녀들을 가르치게 하기 위해서이다. 이스라엘은 하나님 경외를 배워야 한다. 그리고 이 아도나이 신앙이 잘 전수되도록 후손들을 교육해야 한다.

1. 불과 말씀

호렙산에 이스라엘이 하나님의 말씀을 듣기 위해 모였다. 하나님이 이스라엘에게 자신의 모습을 드러내시는데 특이하게도 불로 나타나신다. 호렙산에 불이 붙은 것이다.

> 그리고 너희는 가까이 왔고 산 아래에 섰다, 그리고 그 산은 불에 타고 있었다, 하늘의 중심에까지, 어두움, 구름 그리고 짙은 구름(신 4:11).

불이 시내산에 붙었는데 하늘까지 이어졌다. 불 외에도 어둠, 구름이 함께하는 특이한 현상이 나타났다. 이것은 시내산이 화산 활동을 한 것이 아니라 신현의 동반 현상이다. 하나님이 나타나실 때, 불, 구름, 어둠, 우레, 번개, 나팔 소리, 연기가 나타났다(출 19:16, 18-19; 24:16-17). 하나님이 불로 나타나신 경우는 많다(더 자세한 설명은 위의 각주 15를 참고). 모세는 시내산에 나타나신 하나님을 회고하면서 불을 가장 강조한다. 모세에게 그만큼 불이 강렬한 인상을 남긴 것이다.[21] 이래서 모세는 하나님을 설명하는데 불로 말한다.

영광의 모습을 설명하는 본문은 에스겔 신현 사건이다.
21 하나님은 불타는 가시나무에서 모세를 처음 불렀다(출 3장). 후에 하나님은 다시 호렙산에서 불 가운데 나타나셔서 이스라엘에게 직접 말씀하셨다(출 19장). 모세는 처음부터 불타는 가시나무에서 강렬한 인상을 받았던 것을 부인할 수 없다.

왜냐하면 아도나이 너의 하나님은 삼키는 불이시며 그는 질투하는 하나님이기 때문이다(신 4:24).

하나님의 속성을 불로 말하는 것이 특이하다.[22] 이것은 화산 활동으로 일어나는 불이 아니라 신적 불을 의미한다. "삼키는 불"은 '소멸하는 불'이다. 에스겔 선지자 역시 하나님의 영광의 모습을 보았다. 그는 하나님의 속과 주위를 불로 표현한다(겔 1:26-28). 다니엘 역시 하나님의 보좌를 보고 보좌와 바퀴가 불이라고 표현한다. 하나님 앞에서 불이 강처럼 나온다고 설명한다(단 7:9-10).[23] "질투"는 "삼키는 불"과 병행을 이룬다. "질투"는 '열심,' '열정'의 뜻으로 마음이 뜨거워질 때를 의미한다. 불이 외형적인 모습이라면 질투는 내면적인 감정이다. 하나님이 질투하시는데 누구에게 하느냐 하면 우상을 만들어 숭배하는 자들이다. 우상 숭배자들에게 삼키는 불, 심판하는 불로 나타나신다(신 4:23, 25).

모세는 출애굽 후 세대에게 시내산 사건을 회고하면서 설명한다. 특별히 모세는 시내산에 불로 현현하신 하나님을 강조하면서(신 4:11, 12, 15, 24, 33, 36) 하나님이 불 가운데서 말씀하셨다고 회고한다.

그리고 아도나이께서 그 불 가운데서 너희에게 말씀하셨다, 너희는 말씀들의 소리를 들었다, 그리고 음성 외에는 너희는 형상을 보지 못했다(신 4:12).

"불"과 "말씀"이 인상적이다. 이스라엘은 시각적으로 "불"을 보았다. 청각적으로 불 가운데서 나오는 "말씀들의 소리"와 "음성"을 들었다. 모세는

---

[22] 불로 하나님을 묘사하는 것은 성령과 예수에게도 보인다. 오순절에 성령께서 제자들에게 임하실 때, "마치 불의 혀같이 갈라지는 것"이 각 사람 위에 하나씩 임했다(행 2:3). 사도 요한은 부활하신 예수를 설명하는데 "그의 눈은 불꽃 같고" 하고 말한다(계 1:14; 2:18).
[23] 신현에 대한 자세한 설명은 김영욱, "하늘 보좌에 앉으신 이," 『신학 지남』 350 (2022), 9-32를 참고하시오.

불 가운데서 말씀하신 하나님을 계속 말한다(신 4:12, 15, 33, 36). 불 가운데서 말씀하신 하나님이 모세에게 강렬한 인상을 남긴 것이다. 이스라엘은 불 가운데서 나오는 하나님의 음성을 들었지만, 어떤 형상도 보지 못했다. 불 이외에는 하나님의 외형적인 모습을 보지 못한 것이다. 이 점이 인상적이다. 하나님은 이스라엘에게 말씀으로 나타나셨다. 이래서 하나님은 이스라엘에게 하나님을 비겨서 어떤 형상도 만들지 말라고 하신다(출 20:22-23). 하나님을 형상으로 표현하지 말라는 것이다. 하나님이 불 가운데서 말씀하셨다. 이것이 언약이며 십계명이다.

> 그리고 그는 너희에게 열 개의 말씀들을 행하도록, 명령하셨던 그의 언약을 너희에게 선언하셨다, 그리고 그는 두 돌판들 위에 그것들을 쓰셨다(신 4:13).

시내산에 나타나신 하나님은 불 가운데서 직접 "열 개의 말씀들"을 선포하셨다. 이것은 언약의 말씀들이다(출 34:28). 하나님은 또한 이 열 개의 말씀들을 직접 두 돌판 위에 써 주셨다. 이것은 양면으로 기록되었다(출 32:15). 하나님이 손가락으로 쓰셨다. 이것은 증거의 두 돌판 또는 언약의 돌판들로 불린다(출 31:18; 신 9:9).

하나님은 모세에게 이 언약을 가르치라고 명령하셨다. 열 개의 말씀들은 어떤 이론적 사상이나 철학적 내용이 아니라 이스라엘이 실제 삶에서 행해야 할 말씀들이다. 이스라엘이 가나안 땅에서 지켜야 한다.

> 그리고 아도나이께서 나에게 명령하셨다, 그 때에, 너희에게 법규들과 법령들을 가르치도록, 너희가 그것들을 행하도록, 너희가 그곳으로 점령하기 위해 들어가는 그 땅 안에서(신 4:14).

이 열 개의 말씀들은 또한 법령들과 법규들로 불린다. 이 단어들의 복수형에서 알 수 있듯이 법령들과 법규들은 율법의 세부적인 조항들을 지칭한다. 율법을 설명하는 유사 동의어들이다. 모세가 이스라엘 백성에게 교육해야 할 구체적인 내용이다. 무엇보다도 이스라엘이 가나안 땅에 들어가서 준수해야 할 율법이다. 율법은 철학이나 사상이 아니라 실제 삶에서 준수해야 할 말씀이다.

하나님이 불 가운데 나타나셨지만, 그 형상을 보지 못했다. 이스라엘은 불을 보고 말씀을 들었다. 이것이 아주 특이하다. 하나님이 눈에 보이는 어떤 형상이나 모습으로 나타난 것이 아니라 말씀으로 자신을 계시하셨다. 이래서 기독교는 말씀을 강조한다.[24]

하나님은 불 가운데서 말씀하셨다. 말씀하셨다는 것은 살아계신다는 의미이다. 살아계신 하나님은 열 개의 말씀들을 주시면서 그의 뜻과 의지를 선포하셨다. 이스라엘이 가나안 땅에서 지켜야 할 하나님의 뜻이다. 여기서 우리는 하나님이 말씀으로 살아계심을 드러내셨다는 사실에 주목해야 한다(참고 삼상 3:21). 하나님의 말씀을 지키며 살아가는 사람이 하나님의 뜻에 합당한 사람이다. 하나님은 어떤 형상을 만들어 놓고 그 앞에서 희생 제사를 올리며 섬기는 것을 원하지 않으셨다.

말씀에는 하나님의 생각이 드러난다. 하나님이 인간에게 원하시는 것이다. 이스라엘이 말씀대로 살아갈 때, 하나님과 동행하는 것이다. 이스라엘이 말씀을 지킴으로 하나님과 연합하여 하나 되는 것이며 하나님의 마음에 합한 사람이 되는 것이다.

2. 우상과 이스라엘의 미래 역사

하나님이 불 가운데 나타나셔서 언약을 말씀하셨다. 이스라엘은 하나님

---

[24] 사도 요한도 말씀을 강조한다. "태초에 말씀이 계시니라 이 말씀이 하나님과 함께 계셨으니 이 말씀은 곧 하나님이시니라"(요 1:1). "말씀이 육신이 되어 우리 가운데 거하시매 우리가 그의 영광을 보니 아버지의 독생자의 영광이요 은혜와 진리가 충만하더라"(요 1:14).

의 형상을 보지 못했다. 따라서 이스라엘은 하나님을 형상으로 만들지 말아야 한다. 모세는 계속 출애굽 후 세대에게 하나님의 형상을 보지 못했다는 점을 강조하며 상기시킨다.

> 그리고 너희는 너희 영혼을 매우 조심하여야 한다, 왜냐하면 너희가 모든 형상을 보지 못했기 때문이다, 아도나이께서 호렙에서 불 가운데서 너희에게 말씀하셨던 그 날에(신 4:15).

모세는 이스라엘에게 "너희 영혼을 매우 조심하여야 한다,"고 권면한다. 이 말은 '너희 영혼을 잘 지켜라,' 또는 '너희 영혼을 매우 조심하라,'는 의미이다. 너희 자신을 위하여 조심해야 한다는 것이다. 이스라엘이 조심해야 하는 이유는 시내산에서 하나님이 나타나셨을 때, 이스라엘은 그의 형상을 보지 못했기 때문이다. 이래서 이스라엘은 하나님의 형상을 만들면 안 된다. 크레이기는 "너희 영혼"을 흥미롭게도 '너희 욕구,' '너희 욕망'으로 번역한다("So guard your desires very closely").[25] 문자적인 번역은 아니지만, 문맥에 잘 맞는 번역이다. 이스라엘이 우상을 만들려는 욕구를 조심하라는 것으로 해석한 것이다.

모세는 이스라엘에게 하나님의 형상을 사람의 모습이나 어떤 짐승 또는 새나 물고기나 기는 것으로 만들지 말라고 경고한다. 하나님을 어떤 형상으로 만드는 것을 거부한다.

> 너희가 부패하게 행동하지 않고 너희 자신을 위하여 새긴 우상, 모든 인물의 형상을 만들지 않도록, 남자 또는 여자의 모습(신 4:16).

이스라엘이 우상을 만드는 행위는 부패한 행동이다. 여기서 '부패하다,'

---

[25] P. C. Craigie, *The Book of Deuteronomy*, 132.

는 '썩다,' '타락하다,' '망하다,'의 의미이다. 이스라엘이 하나님을 금속이나 돌 또는 나무로 우상을 만드는 행위는 타락하고 부패한 행동이다. 이것은 이스라엘이 망하는 행동이기도 하다. 음식이 부패하면 악취가 나고 썩는다. 냉장고에 오래 보관된 고기가 부패할 때, 역겨운 냄새가 난다. 이와 마찬가지로 이스라엘이 우상을 만드는 행위는 영혼이 부패하며 썩는 것이다. 하나님 앞에서 악취가 나는 행위이다. 하나님이 이것을 아주 가증하게 여기시며 혐오하신다. 흥미롭게도 70인경은 "너희가 부패하게 행동하지 않도록"을 "너희가 법 없이 행동하지 않도록"(μὴ ἀνομήσητε)으로 번역했다. 문자적인 번역은 아니지만, 우상을 만드는 행위는 법을 어기는 것이다. 이래서 법 없이 행동하지 않기를 요구한 것이다.

모세는 가나안 땅에 들어가지 못한다. 그렇지만 이스라엘은 들어간다. 모세는 가나안 땅에 들어가는 이스라엘의 미래 역사를 말한다. 그런데 모세는 특이하게도 우상과 관련하여 이스라엘의 미래 역사를 예언하고 있다. 이것이 신명기의 독특한 점이다.

> 네가 아들들과 아들들의 아들들을 낳고 너희가 그 땅 안에서 늙고 너희가 부패하게 행동하며 너희가 새긴 우상, 모든 형상을 만들며 너희가 그를 성나게 하여 아도나이 너의 하나님의 눈들 안에 악을 행할 때에(신 4:25).

이스라엘이 가나안 땅에 들어가서 오래 산다. 약속의 땅에 살면서 이스라엘이 우상을 만든다. 우상을 만드는 행위는 하나님의 진노를 유발한다. 하나님이 우상 숭배하는 이스라엘에게 질투하는 것이다. 이스라엘이 우상을 만드는 것은 부패한 행동이다. 모세는 이스라엘의 이런 행위를 아도나이의 눈에 악이라고 규정한다. 간음이나 살인과 같은 윤리적인 악이 아니라 아도나이를 배반한 종교적인 면에서 악을 행한 것이다. 모세는 하나님의 눈을 언급함으로 하나님이 가나안 땅에서의 이스라엘의 삶을 다 보고 계신다는 것을 말한다(신 11:12).

하나님의 진노는 이스라엘의 생존에 영향을 미친다. 이스라엘에 가나안 땅에 들어가서 살고 있지만, 그 땅에서 번영하지 못할 것이기 때문이다.

내가 오늘 너희를 대하여 하늘과 땅을 증인으로 부른다, 너희가 거기로 점령하기 위해 요단을 건너가는 그 땅에서 속히 망할 것이라고, 너희는 그 위에서 날들을 길게 하지 못할 것이다, 왜냐하면 너희는 확실히 멸망될 것이기 때문이다(신 4:26).

이스라엘이 우상을 숭배할 때, 미래는 형통하지 못한다. 가나안 땅을 정복하여 살겠지만, 그 땅에서 망할 것이기 때문이다. 모세는 "속히 망할 것"을 말한다. 우상 숭배의 결과이다. 모세는 하늘과 땅을 의인화해서 이 일에 증인으로 세운다. 그만큼 어조가 강경하다. 이스라엘의 우상 숭배는 하나님의 질투를 유발하여 이스라엘을 멸망의 길로 인도할 것이다. 약속의 땅에서 날들이 길지 못할 것이다. 번영과 번성이 없다는 의미이다. 날들이 짧아지게 된다. 그 결과 이스라엘은 약속의 땅에서 "확실히 멸망될 것"이다. 모세는 우상 숭배가 이스라엘을 암울한 미래로 이끌어갈 것이라고 예언한다.

이 예언은 더 나아간다. 이스라엘은 나라가 망해서 다른 나라로 포로로 잡혀갈 것이다. 하나님이 이스라엘을 이방 민족들 가운데로 흩어버리실 것이어서 이스라엘은 적은 수로 남게 될 것이다. 이스라엘은 디아스포라가 될 운명이다. 이방인의 땅에서 이방 신들을 섬기며 살 것이다. 이스라엘의 미래가 비극적이다. 하지만 이것으로 이스라엘의 역사가 끝나는 것은 아니다. 이스라엘이 이방 민족의 땅에서 하나님께 돌아올 때, 다시 희망이 솟아날 것이다. 이스라엘이 포로에서 하나님을 기억하고 전심으로 하나님께 돌아올 때, 하나님이 그들에게 응답하실 것이다. 이스라엘이 회개할 때, 하나님은 그들과의 언약을 기억하시고 이스라엘의 기도에 응답하여 회복시킬 것을 암시한다.

모세는 특이하게 이스라엘이 아직 가나안 땅에 들어가지도 않았는데 가나안 땅에서의 미래를 조망하고 있다. 이스라엘이 우상을 숭배할 때, 이스라엘의 미래는 암울하다. 전쟁에 져서 다른 나라에 포로로 잡혀갈 것이다. 하지만 그곳에서 회개할 때, 이스라엘은 다시 가나안 땅으로 돌아올 것을 예고한다. 신명기 4장은 이스라엘의 멸망과 포로 그리고 회복과 가나안 땅으로의 귀환을 암시한다(신 4:25-31).

이스라엘의 미래와 관련하여 신명기 30장은 더 명확하게 말한다.[26] 이스라엘이 포로에서 마음을 다하여 회개하고 하나님께 돌아올 때, 이스라엘은 가나안 땅으로 돌아올 것이다. 여기서 동사 '돌아오다'가 핵심 단어이다. 이스라엘의 회개와 회복을 말하는 신명기 30장 1-10절에서 동사 '돌아오다,'는 6번 사용되었다(2, 3(2회), 8, 9, 10절).

신명기 30장 1-2절은 조건절이다. 히브리어는 "그리고 이것이 일어날 것이다, ~때"(והיה כי)로 시작한다. "~때"는 '~면'으로도 번역할 수 있다(개역 개정의 번역). 1절의 "임하고"와 "돌아오고"와 2절의 "돌아오고"와 "들을"이 '~때'에 걸려서 조건절을 형성한다.

그리고 이것이 일어날 것이다, 이 모든 말씀들이, 내가 너 앞에 둔 복과 저주, 너에게 임하고 너의 하나님 아도나이께서 거기로 너를 쫓아낸 그 모든 민족들 가운데서 네가 너의 마음에 돌아오고(30:1)
네가 너의 하나님 아도나이께 돌아오고 너와 너의 아들들이 너의 온 마음으로 그리고 너의 온 영혼으로 내가 오늘 너에게 명령한 모든 것을 따라 그의

---

26 라부샤흐네(C. J. Labuschagne)는 신명기를 다음 7가지 촛대 구조(menorah-pattern)로 분석한다. 그는 신명기 4장과 30장을 서로 관련하여 보고 있다. C. J. Labuschagne, *Deuteronomium: Belichting van het Bijbelboek* (Uitgeverij Tabor: 1993), 16.
A 여는 이야기: 모세의 과거 회고(신 1-3장)
  B 여는 예언적 설교(신 4장)
    C 호렙 산 언약(신 5-11장)
      X 법전: 법규들과 법령들(신 12-26장)
    C′ 모압 언약(신 27-29장)
  B′ 닫는 예언적 설교(신 30장)
A′ 닫는 이야기: 모세의 미래 조망(신 31-34장)

목소리를 들을 때(30:2).

모세가 이스라엘 앞에 둔 복과 저주가 임할 때, 이스라엘이 율법에 불순종하여 저주가 임했을 때, 이스라엘이 포로로 사로잡혀 간 곳에서 말씀이 기억나는 것이다. 하나님이 이스라엘을 이방 민족에게 쫓아버리셨을 때, 언약의 저주가 성취되었다는 사실이 이스라엘의 마음에 기억나는 것(히브리어는 돌아오는 것)이다. 여기서 중요한 사실은 이스라엘을 모든 민족 가운데 쫓아내신 분이 하나님이라는 것이다. 하나님이 언약의 말씀을 성취한 것이다. 하나님이 전적인 주권을 쥐고 계신다.

이렇게 언약의 저주가 성취될 때, 이스라엘이 어떤 반응을 보이느냐 하는 것이다. 이스라엘이 아도나이께 돌아와야 한다. 이스라엘이 하나님께 돌아와서 "온 마음으로, 온 영혼으로" 하나님의 음성을 들을 때, 다음과 같은 일들이 일어난다.

> 그리고 너의 하나님 아도나이는 너의 포로를 돌아오게 하실 것이고 너를 불쌍히 여길 것이다, 그리고 그가 돌아올 것이며 그가 너를 그 모든 민족들로부터 모을 것이다, 너의 하나님 아도나이께서 너를 흩으신 그 곳에서(30:3).

하나님이 이스라엘을 회복하실 것이다. 이스라엘이 포로에서 돌아오는 것이다. 가나안 땅으로의 회귀를 구체적으로 말하며 하나님이 이스라엘을 번성하게 하시며 복을 주실 것을 예고하고 있다. 신명기의 독특한 점이 여기에 있다. 이스라엘은 지금 가나안 땅에 들어가지 않았다. 그런데 이스라엘의 미래 역사를 다 조망하고 있다.

실제 이스라엘의 역사는 신명기가 예고한 대로 흘러갔다는 사실에 주목해야 한다. 여호수아가 가나안 땅을 정복한 시대부터 열왕기는 가나안 땅에서의 이스라엘의 모습을 보여준다. 이스라엘은 가나안 땅에서 하나님의 언약에 신실하지 못했다. 결국 나라는 망했다. 유다는 바벨론으로 끌려갔다.

그 후 페르시아의 고래스 시대에 세스바살과 스룹바벨의 인도 아래 유다 공동체는 성전을 건축하기 위하여 가나안 땅으로 돌아왔다. 후에 에스라와 느헤미야의 귀환의 역사는 신명기가 예언한 대로 나아갔다는 사실을 보여 준다.

우리는 위에서 약속과 성취를 살펴보았다. 하나님이 아브라함에게 하신 약속은 모세의 지도 아래에 이스라엘이 요단 동편을 점령함으로써 성취되기 시작하였다. 요단 동편에 있는 이스라엘은 약속과 성취 사이에 서 있었다. 모세는 요단을 건너 가나안 땅을 정복하려는 이스라엘에게 율법을 설명해 준다. 가나안 땅에서는 이제 율법 즉 언약의 말씀에 순종해야 한다. 약속의 땅은 하나님의 백성에게 언약의 말씀을 요구한다. 이스라엘이 율법에 순종할 것인가 하는 주제가 이스라엘의 미래를 조망한다. 약속의 땅에서 이스라엘의 역사는 이제 율법과 성취 사이에 있다. 다른 표현으로 이스라엘은 언약과 성취 사이에 서 있는 것이다. 이스라엘이 이제 어떻게 반응할 것이냐 하는 것이다.

05

토라 교육[27]

모세는 출애굽 후 세대에게 시내산의 신현 사건을 회고하여 설교한다. 아도나이는 시내산에 강림하셔서 십계명을 말씀하셨고 모세를 통하여 율법을 주셨다. 모세는 그것을 회고하며 이스라엘에게 가르친다.

> 그리고 이제 이스라엘아, 들으라, 내가 너희에게 행하도록 가르치는 법규들과 법령들을, 너희가 살고 들어가고 아도나이 너희 조상들의 하나님이 너희에게 주시는 그 땅을 점령하기 위하여(신 4:1).

모세는 이스라엘을 회집하여 "들으라"하고 말한다. "들으라,"는 히브리어로 '쉐마'이며 명령형이다. 모세가 이스라엘이 가나안 땅에서 행하도록 가르치는 법규들과 법령들을 들으라고 말한다. 여기서 모세가 이스라엘에게 가르치고 있다. 모세는 이스라엘을 교육하는 중이다. 동사 '가르치다,'(למד)는 교육을 뜻하는 단어이다. 신명기에 17회 나오는데 동사의 형태

---

[27] 이 부분은 김영욱, "신명기의 교육 사상," 『신학 지남』 355 (2023), 17-40에서 가져와 수정하고 보완한 것이다.

에 따라 뜻이 다르다. 칼형일 때는 '배우다,'이며(7회) 피엘형일 때는 '가르치다,'(10회)이다.²⁸

이스라엘은 모세가 가르치는 내용을 잘 듣고 실천해야 한다. 이것은 이스라엘의 생존과 밀접한 관련이 있다. 이스라엘이 생명을 유지하며 나라가 보존할 수 있는 것은 모세가 교육하는 것을 잘 지키느냐에 달려 있다. 더 나아가 이스라엘이 가나안 땅에 들어가서 정복하려는 활동도 모세가 가르치는 법을 잘 지킬 때 성공할 수 있다. 이렇게 모세가 가르치는 율법은 이스라엘의 생존과 밀접한 관련이 있다.

1. 동사 라마드

동사 '라마드'의 칼형 '배우다,'가 사용된 곳을 찾아보면 교육이 어떻게 이루어졌는지를 살펴볼 수 있으며 누가 누구로부터 무엇을 배우는지에 대한 정보를 간략하게 정리할 수 있다.

> 내가 그들에게 내 말을 들려주어…나를 경외함을 배우게 하며(4:10).
> 이스라엘아 오늘 내가 너희의 귀에 말하는 규례와 법도를 듣고 그것을 배우며 지켜 행하라(5:1).
> 아도나이께서 그의 이름을 두시려고 택하신 곳에서…네 하나님 아도나이 경외하기를 항상 배울 것이니라(14:23).
> 평생에 자기 옆에 두고 읽어 그의 하나님 아도나이 경외하기를 배우며 (17:19).
> 네 하나님 아도나이께서 네게 주시는 땅에 들어가거든 너는 그 민족들의 가증한 행위를 본받지 말 것이니(18:9).

---

28 *THAT I*, 872-875. *TWAT IV*, 576-582. *NIDOTE* 2, 800-803.

백성의 남녀와 어린이와 네 성읍 안에 거류하는 타국인을 모으고 그들에게 듣고 배우고 네 하나님 아도나이를 경외하며 이 율법의 모든 말씀을 지켜 행하게 하고(31:12).

이 말씀을 알지 못하는 그들의 자녀에게 듣고 네 하나님 아도나이 경외하기를 배우게 할지니라(31:13).

위의 구절에서[29] 이스라엘이 배워야 할 내용으로 아도나이 경외는 4회, 규례와 법도는 1회 그리고 이스라엘이 배우지 말아야 할 가나안 민족의 가증함이 1회 나온다.

위의 구절들을 더 자세하게 살펴보면, 모세는 호렙산의 신현을 회상한다. 하나님은 호렙산에서 이스라엘을 모아서 말씀을 들려준다. 이스라엘이 사는 날 동안 아도나이 경외를 배우게 하기 위함이다(4:10). 모세가 이스라엘을 불러서 설교한다. 장소는 구체적으로 나오지 않지만, 신명기 문맥을 볼 때, 모압 땅이다(신 1:1, 5).[30] 모세는 이스라엘에게 "들으라 이스라엘아 내가 오늘 너희 귀에 말하는 법규들과 법령들을 그리고 너희는 그것들을 배워야 한다."하고 말한다. 이스라엘은 아도나이 경외를 법규들과 법령들을 들음으로 배우는 것이다(5:1). 이스라엘은 십일조를 아도나이 앞에 드려야 한다. 아도나이 앞은 아도나이께서 가나안 땅에서 그의 이름을 두기 위하여 선택한 한 장소이다.[31] 하나님이 선택한 장소에서 이스라엘은 십일조를 드리며 먹는다. 이때 아도나이 경외를 배운다(14:23). 신명기는 이스라엘이 가나안 땅에서 왕을 세울 것을 언급한다.[32] 왕은 율법을 쓰고 읽어서 아도나이 경외를

---

[29] 개역 개정은 한 곳만 "본받다."로 번역했고 나머지는 다 "배우다."로 번역했다.
[30] 신명기는 특이하게 서론을 가지고 있다. 이는 모세오경의 다른 책들 창세기, 출애굽, 레위기 그리고 민수기에는 나오지 않는 특징이다. 모세는 이 서론에서 신명기의 율법을 선포한 곳을 모압 땅이라고 밝힌다.
[31] 신명기는 특이하게 하나님께서 가나안 땅에서 선택하실 한 장소를 강조한다. 이 장소에 모든 예배가 집중된다. 이 장소를 중앙 성소로 부를 수 있다.
[32] 이스라엘이 왕을 세우는 것은 필수가 아니라 선택이다. 이스라엘의 왕정은 하나의 가능성으로

배운다. 아도나이 경외는 율법을 배우고 준수하는 것으로 나타난다(17:19). 이스라엘이 가나안 땅에 들어갔을 때, 이스라엘은 가나안 민족의 가증한 행위를 배우지 말아야 한다(18:9). 이스라엘이 가나안 땅에 들어가서 매 칠 년 초막절에 아도나이께서 선택한 장소에 모여야 한다. 그곳에서 이스라엘과 그들 가운데 체류하는 나그네와 이스라엘 후손은 아도나이 경외를 배워야 한다(31:12, 13).

두 번째로 동사 '라마드'의 피엘형이 신명기에서 사용된 곳을 정리해 보면 이스라엘의 교육이 어떻게 이루어졌는지를 알 수 있다. 누가 누구에게 무엇을 가르치는지를 볼 수 있다.

> 이스라엘아 이제 내가 너희에게 가르치는 규례와 법도를 듣고 준행하라(4:1).
> 내가 나의 하나님 아도나이께서 명령하신 대로 규례와 법도를 너희에게 가르쳤나니(4:5).
> 내가 그들에게 내 말을 들려주어...나를 경외함을 배우게 하며 그 자녀에게 가르치게 하리라(4:10).
> 그 때에 아도나이께서 내게 명령하사 너희에게 규례와 법도를 교훈하게 하셨나니(4:14).
> 내가 모든 명령과 규례와 법도를 네게 이르리니 너는 그것을 그들에게 가르쳐서(5:31).
> 이는 곧 너희의 하나님 아도나이께서 너희에게 가르치라고 명하신 명령과 규례와 법도라(6:1).
> 또 그것을 너희의 자녀에게 가르치며(11:19).
> 이는 그들이 그 신들에게 행하는 모든 가증한 일을 너희에게 가르쳐 본받게 하여(20:18).
> 이제 너희는 이 노래를 써서 이스라엘 자손에게 가르쳐 그들의 입으로 부르

이스라엘이 가나안 땅에서 왕을 세울 필요가 있을 때 세울 수 있다(신 17:14-20).

게 하여(31:19).

모세가 그 날 이 노래를 써서 이스라엘 자손들에게 가르쳤더라(31:22).

모세가 이스라엘에게 가르치는 규례와 법도는 5회와 명령 2회, 이스라엘이 아들에게 가르치는 아도나이 경외는 1회와 말씀은 2회, 그리고 모세가 이스라엘에게 가르치는 노래가 1회와 너희가 이스라엘에게 가르치는 노래가 1회 나온다.

위의 구절들을 더 자세하게 살펴보면, 모세는 이스라엘에게 규례와 법도를 가르친다. 이것은 준수하도록 가르치는 것이다(4:1). 모세가 가르친 법규들과 법령들은 하나님이 명령하신 것으로 이스라엘이 가나안 땅에 들어가서 지켜야 할 율법이다(4:5). 이스라엘이 지켜야 할 율법은 호렙산에서 하나님이 현현하여 말씀하신 것이다. 이스라엘이 사는 날 동안에 아도나이 경외를 배우고 자녀들을 가르쳐야 한다(4:10). 모세는 하나님의 명령에 따라 이스라엘에게 규례와 법도를 가르쳤다.[33] 이 법은 이스라엘이 가나안 땅에서 지켜야 한다. 법은 가나안 땅과 밀접한 관련이 있다(4:14). 모세가 이스라엘에게 가르친 명령, 규례와 법도는 호렙산에서 하나님께 직접 받은 것들이다(5:31).[34] 이 율법은 이스라엘이 가나안 땅에서 지켜야 한다(6:1).[35] 이스라엘은 모세에게 배운 말씀을 아들들에게 가르쳐야 한다. 세대 간의 교육이 이어지는 것이다(11:19). 이스라엘은 가나안 민족들을 다 진멸해야 한다. 가나안 민족들이 살아남아서 이스라엘에게 가증한 행위를 가르치지 않도록 하는 것이다(20:18). 하나님은 이스라엘이 가나안 땅에서 아도나이를 떠나 배

---

[33] 개역 개정은 이곳에서만 "교훈하다,"로 번역하고 나머지는 다 "가르치다,"로 번역했다.
[34] 율법은 신적 기원을 갖는다. 십계명은 하나님이 직접 말씀하시고 직접 써주셨다. 이 십계명은 불 가운데서 현현하신 하나님이 말씀하셨다. 신명기는 불 가운데서 말씀하셨다는 것을 강조한다(4:12, 15, 33, 36; 5:4, 22, 24). 그리고 나머지 계명들은 모세를 통하여 주어졌다(5:22-33).
[35] 율법은 땅과 밀접한 관련이 있다. 이스라엘은 율법을 가지고 가나안 땅에 들어가서 지켜야 한다(5:31; 8:1; 12:1). 이스라엘이 가나안 땅에서 율법을 잘 지킬 때, 번성하며 복과 생명을 받는다. 그러나 율법을 지키지 않을 때, 이스라엘은 저주와 사망을 받는다(30:15-20).

교 할 것을 말씀하시며 그때를 대비하여 모세와 여호수아에게 노래를 가르치라고 하신다(31:19). 이 노래가 이스라엘의 배반을 증언하는 것이다. 모세는 증거의 노래를 이스라엘 아들들에게 가르친다(31:22).

2. 교육 내용

신명기에 나오는 동사 '라마드'를 분석해 보면 모세는 무엇을 가르쳤으며 이스라엘이 무엇을 배우고 가르쳤는지를 알 수 있다. 모세는 호렙산에서 하나님으로부터 말씀을 받았다. 그는 이 말씀을 이스라엘에게 가르쳤고 그들은 이것을 배웠다. 모세는 이스라엘에게 명령, 말씀, 규례와 법도, 그리고 노래를 가르쳤다. 반대로 이스라엘이 배우지 말아야 할 내용은 가증한 것이다. 이것은 가나안 민족이 이스라엘에게 가르칠 수 있는 것이다.

(1) 명령

모세는 "명령"을 하나님으로부터 받았다(5:31). 하나님은 모세에게 "명령"을 이스라엘에게 가르치라고 명하셨고 모세는 이 "명령"을 이스라엘에게 가르쳤다(6:1). 이 "명령"은 이스라엘이 가나안 땅에서 행할 "규례와 법도"와 유사 동의어이다.

명령(מצוה)은 신명기에서 43회 나오며 '계명'으로도 번역할 수 있다. 단수 "명령"으로 나오기도 하고 복수 "명령들"로 나오기도 한다.[36] 모세가 이스라엘에게 가르치는 명령에 사람들이 마음대로 더하거나 빼서는 안 된다.

너희는 내가 너희에게 명령하는 그 말씀에 덧붙이지 말아야 한다, 그리고 너

---

36 *TWAT IV*, 1085-1095. *NIDOTE* 2, 1070-1071.

희는 그것으로부터 감하지 말아야 한다. 내가 너희에게 명령하는 너희 하나님 아도나이의 명령들을 지키기 위하여(신 4:2).

이 명령에 정경성과 규범성이 있다. 이 명령은 "너희 하나님 아도나이의 명령"(히브리어는 복수 '명령들')으로 자주 나온다(4:2; 6:17; 11:27, 28).[37] 이스라엘이 가나안 땅에서 지키도록 아도나이께서 모세에게 가르치라고 명령하신 것이다(6:1). 이스라엘이 아도나이의 명령을 잘 지킬 때, 가나안 땅에서 복과 장수를 누릴 수 있다(4:40). 하나님이 주시는 복은 농업과 목축업에 나타나 경제적인 풍요를 누린다(11:13-15). 더 나아가 이스라엘이 아도나이의 명령을 잘 지키면 가나안 땅을 쉽게 차지할 수 있다. 하나님이 가나안 정복을 도와주신다(11:22-25). 무엇보다도 아도나이의 명령을 지키는 자들은 수천 대까지 하나님의 자비와 사랑을 받을 수 있다.

그리고 수천 대까지 인자를 행하시며 나를 사랑하는 자들에게 그리고 나의 계명을 지키는 자들에게(신 5:10).

"인자"(חסד)는 다양하게 번역할 수 있다. 개역 개정은 '은혜,' '후대,' '인자,' '자비', '우의,' 그리고 '인애'로 번역했다. 70인경은 여기서는 "자비"(ἔλεος)로 번역했지만(70인경은 대부분 자비로 번역했다. 213회), 다른 곳에서는 '의,' '영광,' '소망,' '동정'으로 다양하게 번역했다. 위의 번역에서 알 수 있듯이 "인자"는 우리나라 말의 한두 단어로 정의할 수 없다. 기본적으로 이 단어는 하나님의 친절과 선하심을 표현한다. 하나님의 변함이 없는 사랑과 은혜를 나타내는 단어이다.[38] 하나님이 인자를 베푸시는데 누구에게 베푸시느냐 하면 "나를 사랑하는 자들에게" 그리고 "나의 계명(명령)을 지키는 자

---

37 단수 "네 하나님 아도나이의 명령"은 신 8:6; 28:9, 13에 그리고 "아도나이의 명령"은 신 10:13에 나온다.
38 *THAT* I, 600-621; *TWAT* III, 48-71.

들에게"이다. 하나님의 명령을 지키는 사람이 하나님을 사랑하는 사람이다.

아도나이의 명령을 지키는 것은 아도나이를 사랑하며(5:10) 아도나이를 경외하는 방법이며(5:29) 아도나이의 길로 걸어가는 삶의 양식이다(8:6). 또한 하나님이 이스라엘의 40년 방랑 기간에 이스라엘이 하나님의 명령을 지키는지 지키지 않는지를 시험하셨다(8:2). 모세는 아도나이의 명령에 순종할 때 복을 그러나 순종하지 않을 때 저주가 임할 것을 선언한다(11:27-28). 이스라엘이 이 모든 명령을 잘 지켜 행하면 경제적으로 큰 복을 받는다. 주변의 다른 나라와의 관계에서 경제적 우위를 점하며 주변 나라를 다스릴 수 있다(15:5-6). 더 나아가 이스라엘은 세계의 모든 백성보다 더 높은 위치로 나아갈 수 있다(28:1). 이스라엘이 다른 민족을 지배하고 다스릴 것이다(28:13). 이스라엘의 가나안 땅에서의 삶은 아도나이의 명령을 지키느냐 지키지 않느냐에 달려 있다. 명령을 잘 지키면 나라의 번영과 번성이 있지만 잘 지키지 않으면 저주와 재앙 즉 나라의 파멸이 있다(28:15, 45). 이스라엘은 특별히 가난한 자들에 대한 십일조 명령을 잘 지켜야 한다. 레위 사람, 고아, 과부를 돌보라는 명령에 순종해야 한다(26:13). 이스라엘은 아도나이의 보배로운 백성으로서 아도나이의 명령을 지켜야 한다(26:18). 이스라엘이 아도나이의 명령에 순종할 때, 이스라엘은 아도나이의 거룩한 백성으로 세움을 받는다.

> 아도나이께서 그를 위하여 너를 거룩한 백성으로 세울 것이다, 그가 너에게 맹세한 대로, 만일 내가 너의 하나님 아도나이의 명령들을 지키고 네가 그의 길들로 걸어간다면(신 28:9).

이 구절은 조건절 "만일 ~지키고 ~ 걸어간다면"과 귀결절 "아도나이께서 ~ 세울 것이다, 그가 너에게 맹세한 대로"가 나오고 있다. 이스라엘이 아도나이의 명령을 잘 지키고 그가 명령한 길로 걸어간다면, 아도나이의 명령을 따라 삶을 산다면, 아도나이께서 이스라엘을 "거룩한 백성"으로 세울 것이다. 하나님이 맹세한 대로 즉 약속한 대로 이스라엘을 거룩한 백성으로 확증하는 것이다(참고 신 26:18).

명령 앞에 '모든'이 붙어서 "모든 명령"으로 자주 사용되었다(5:31; 6:25; 8:1; 11:8, 22; 15:5; 19:9; 27:1; 31:5). 명령은 "규례와 법도"(5:31; 6:1; 7:11; 11:1; 26:17; 30:16) 그리고 "증거와 규례"와(6:17; 10:13; 27:10; 28:15, 45; 30:10) 유사 동의어로 자주 나온다. 아도나이 앞에서 이 모든 명령을 지키면 이것이 이스라엘의 "의로움"이 될 것이다(6:25).[39]

(2) 말씀

하나님은 모세에게 이스라엘 백성을 시내산에 집합시키라고 하신다. 하나님의 말씀을 들려주기 위해서이다. 이스라엘이 하나님을 경외하며 그들의 후손을 가르치게 하기 위해서이다(4:10). 모세는 이스라엘이 실생활에서 지켜야 할 구체적인 행동 수칙을 가르친다. 이스라엘은 모세에게 배운 "나의 이 말을"(히브리어는 복수 '나의 이 말씀들') 자녀에게 가르쳐야 한다(11:18-19).[40] 앉아 있을 때, 길 갈 때, 누워있을 때, 일어날 때 가르쳐야 한다. 즉 항상 어느 장소에서나 교육할 것을 명령한다. 이스라엘이 자녀에게 가르쳐야 할 교육 내용은 말씀이다.

---

[39] 70인경은 "의로움,"를 '자비,' '자선,' '동정'(ἐλεημοσύνη)의 단어로 번역한다. 유대인 번역은 "장점"(merit)으로 번역한다(TNK). M. Weinfeld 역시 "장점"(merit)으로 번역한다. M. Weinfeld, *Deuteronomy* 1-11, 331. Tigay 역시 이와 유사하게 "장점"을 "영예," "자랑거리"로 해석한다. J. H. Tigay, *Deuteronomy*, 83. 이런 해석은 아람어 성경들, 탈굼 옹켈로스, 탈굼 네오피티 그리고 탈굼 프쉬도 요나단의 전통을 따른 것이다. 하지만 Craigie는 이 "의"는 "언약 하나님과의 진실하고 인격적인 관계"로 말한다. "한 사람이 하나님과 갖는 적절한 관계이며 날마다 삶에서 맺는 관계의 열매"라고 말한다. P. C. Craigie, *The Book of Deuteronomy*, 175. 이 "의로움" 또는 "의"는 단순한 장점이나 영예를 의미하지 않는다. "하나님의 법을 지키는 것은 단순한 인간 행위만이 아니라 인간의 모든 것을 포함한다. 왜냐하면 하나님의 법을 지키는 것은 하나님을 사랑하는 것이기 때문이다(신 6:4-9)." 이 "의로움"은 인간의 도덕적 행위와 더불어 "인간의 마음과 영혼을 포함하는 전인격적인 충성과 헌신도 포함한다." 김영욱, 『신명기 I』, 433.

[40] 개역 개정은 19절에서 "말씀"으로 번역했지만, 히브리어는 "그것들"(대명사 접미사 3인칭 복수)로 나온다. 이것은 18절의 "나의 말들"을 의미한다.

말씀(דבר)은 '말' 또는 '일'로도 번역되며 신명기에서 96회(단수 49회, 복수 47회) 사용되었다.⁴¹ "말씀들"은 신명기 전체의 표제어로 나오며 모세가 모압 땅에서 이스라엘에게 선포한 말씀이다(1:1).⁴² 이 '말씀'은 또한 '율법'과 유사 동의어로 사용되었다(1:5).⁴³ 말씀은 언약을 의미하기도 하며 특별히 두 돌판 위에 기록한 십계명을 지칭한다.

그리고 그는 너희에게 열 개의 말씀들을 행하도록 명령하셨던 그의 언약을 너희에게 선언하셨다. 그리고 그는 두 돌 판들 위에 그것들을 쓰셨다 (신 4:13).

열 개의 말씀들은 다시 "규례와 법도"로 나온다(4:14).⁴⁴ 이것들은 아도나이께서 모세에게 가르치라고 명령하신 것이다. 무엇보다도 십계명은 하나님께서 시내산에서 불 가운데서 직접 이스라엘에게 말씀하셨고 하나님의 손가락으로 두 돌판에 써주셨다(9:10. 참고 신 5:22). 이때 이스라엘이 불을 두려워하자 모세는 하나님과 이스라엘 사이에서 "아도나이의 말씀"을 전해 주었다(5:5). 금송아지 사건으로 모세가 이 돌판을 깨뜨린 후에 하나님은 첫 돌판에 기록한 말씀을 다시 써주셨다(10:2, 4). 하나님은 이 말씀이 이스라엘의 마음에 있기를 원하신다(6:6). 이스라엘이 이 말씀을 마음과 영혼에 두

---

41 *THAT* I, 433-443. *TWAT* II, 89-133. *NIDOTTE* 1, 910-915.

42 개역 개정은 단수 "이는...선포한 말씀이니라"하고 번역하지만, 히브리어는 "이것들은...말했던 그 말씀이다."로 복수형이다. 어순에서도 '엘레 하데바림'(אלה הדברים)으로 두 번째로 나와서 표제어 역할을 한다. 유대인은 신명기를 이 두 단어 "엘레 하데바림" 또는 줄여서 "데바림"으로 부르기도 한다.

43 신명기는 흥미롭게도 서론(신 1:1-5)을 갖고 있는데, 이 서론에서 모세가 이스라엘에게 선포한 "말씀"(1:1)을 다시 "율법"(1:5)으로 설명한다. 여기서 이 두 단어는 유사 동의어로 나온다.

44 신명기는 말씀, 율법, 언약, 규례와 법도를 유사 동의어로 제시하고 있다. 이 단어들은 율법을 설명하는 유사 단어 어군이다. 이런 신명기의 단어 사용은 시편 119편에서도 나타난다. 김영욱, "토라 시편," 『기혼의 시냇가에 심긴 나무처럼』 (서울:솔로몬, 2016), 281-321(295).

고 실제 삶에서 손의 기호로 매달고 눈 사이에 표를⁴⁵ 두어야 한다(11:18). 이스라엘이 이 말씀을 듣고 지킬 때, 그들과 그들 후손은 영원히 잘 될 것이며 아도나이의 목전에서 선과 옳은 것을 행하는 것이다(12:28).

왕은 특별히 왕위에 올랐을 때, 율법을 평생에 읽고 지켜야 한다. 왕이 "율법의 모든 말과 이 규례"를⁴⁶ 지킬 때⁴⁷ 그의 왕위는 견고하게 설 수 있다(17:19). 선지자는 하나님의 말씀을 대언하는 자이다. 하나님은 모세와 같은 선지자를 일으키실 것을 말씀하시면서 그 선지자의 입에 "내 말"을 두실 것을 약속하신다(18:18).⁴⁸ 이스라엘이 그 선지자의 말을 듣지 않으면 하나님께서 그 사람을 찾으실 것이다(18:19). 이스라엘은 요단을 건너 가나안 땅에 들어가서 에발 산을 찾아간다. 에발 산에 한 돌 위에 석회를 바르고 "이 율법의 모든 말씀"을 기록해야 한다(27:3, 8).⁴⁹ 그리고 이스라엘은 "이 율법의 말씀(들)"을 실행해야 하는데, 행하지 않는 자는 저주를 받을 것을 선포한다(27:26).

이스라엘이 가나안 땅에서 이 말씀을 잘 순종할 때, 그들은 복을 받을 것이다(28:14). 하지만 신명기에 기록된 모든 말씀을 지키지 않으면 저주와 재앙을 당할 것이다(28:58). 모세는 신명기의 율법을 설명해 준 후에 이스라엘과 모압 땅에서 언약을 맺는다. 이 모압 언약은 "언약의 말씀(들)"이다(29:1).⁵⁰ 이 언약의 말씀들을 지킬 때, 이스라엘은 번영할 것이다(29:9). 이 언

---

45 티가이는 "장식띠," "머리띠"로 이해한다. J. H. Tigay, *Deuteronomy*, 79. 이 "표"는 '끈,' '이마장식'이다. 아람어 성경들(탈굼 옹케로스, 탈굼 네오피티, 탈굼 프쉬도 요나단)은 성구함으로 이해한다. 작은 가죽 상자로 이 안에 성경 구절이 적힌 양피지가 있다.
46 개역 개정은 단수 "율법의 모든 말과 이 규례"이지만 히브리어는 복수 "말들과 이 규례들"이다.
47 왕의 임무가 전쟁수행이나 통치가 아니라(삼상 8:5, 20) 토라 연구 즉 율법을 읽고 쓰고 지키는 것이 흥미롭다.
48 이 구절에서 후대의 메시야 사상이 나왔다(요 1:21, 45; 6:14; 7:40; 행 3:20-22; 7:37). J. A. Thompson, *Deuteronomy* (Leicester: IVP, 1974), 213.
49 히브리어는 복수 "말씀들"이다.
50 모압 언약은 확실히 시내산 언약과 구분된다. 두 언약 모두 모세가 중재자로 나온다. 참고 G. von Rad, *Deuteronomy* (London: SCM, 1966), 178-179.

약의 복과 저주를⁵¹ 듣고도 자신을 스스로 축복하는 사람이 생겨난다. 이 언약의 말씀을 어겨도 자신에게는 평안이 있다고 스스로 위로하는 사람에게 모세는 저주를 선언한다(29:19). 이스라엘은 매 칠 년 초막절에 중앙 성소에 모여서 율법을 낭독하고 들어야 한다. 율법을 배워서 아도나이를 경외하고 이 율법의 모든 말씀을 지키게 하기 위해서이다(31:12). 모세는 이 율법의 모든 말씀을 기록하고(31:24) 이스라엘의 모든 장로 앞에서 들려주고 하늘과 땅을 증인으로 삼는다(31:28). 이스라엘이 후에 아도나이를 떠날 것을 예언한 모세는 그때의 증인으로 노래를 가르친다. 모세는 이스라엘 총회에 "이 노래의 말씀"을 읽어준다(31:30). 모세는 이스라엘에게 이 모든 말씀을 말한 후에 이스라엘이 이 모든 말씀을 마음에 담아 지키기를 당부한다(32:45-46).

(3) 규례와 법도

이스라엘이 모세에게서 규례와 법도를 배운 것은 1회 그리고 모세가 이스라엘에게 규례와 법도를 가르친 것은 5회 나온다. 모세가 가르친 내용의 핵심은 규례와 법도이다. 먼저 "규례"(חקים)는 '호크'(חק)의 복수형이다. 명사 '호크'는 동사 '하카크'(חקק) '파다,' '새기다,' '명령하다,'에서 왔다. 신명기에서 21회 사용되었는데, 다 복수형으로 나온다.⁵² '규정된 어떤 것'으로 '법규,' '법,' '규칙'을 뜻한다.⁵³ 모세의 율법에서 규정된 법을 가리킨다. 복수형으로 나오는 것을 보면, 율법에 세부 조항들을 지칭할 때 사용한다.⁵⁴

규례와 짝을 이뤄 잘 나오는 "법도"(משפטים)는 '미쉬파트'(משפט)의 복수형이다. 명사 '미쉬파트'는 동사 '사파트'(שפט) '재판하다,' '다스리다,'에서

---

51 개역 개정은 "이 저주의 말"로 번역하는데, 히브리어는 '이 맹세의 말씀들'이다.
52 개역 개정은 신명기에서 주로 단수 '규례'로 번역한다.
53 개역 개정은 이 단어를 "녹"(창 47:22), "법"(창 47:26), "규례"(출 12:24; 신 4:1,5,6), "분깃"(출 29:28), "영"(시 2:7), "율례"(시 81:4)으로 다양하게 번역했다.
54 *THAT* I, 623-633. *TWAT* III, 149-157. *NIDOTTE* 2, 250-251.

나왔다. 신명기에서 37회 나오는데, 기본적으로 '재판' 즉 '법적 판결'의 뜻이다. 신명기에서는 주로 '법령,' '법,' '규정'을 의미한다.[55] 모세가 이스라엘에게 가르친 율법의 구체적인 법 조항들이다.[56] 하지만 이 단어는 문맥에 따라 다양하게 번역할 수 있다.[57]

위의 두 단어는 신명기에서 짝을 이루어 13회 나온다(신 4:1, 5, 8, 14, 44; 5:1, 31; 6:1, 20; 11:32; 12:1; 26:16, 17). 이 두 단어는 유사 동의어로 모세가 이스라엘에게 가르친 내용을 의미한다. 이것은 아도나이께서 모세에게 이스라엘을 교육하라고 명령하신 것이다.

> 그리고 아도나이께서 나에게 명령하셨다, 그때에 너희에게 법규들과 법령들을 가르치도록 너희가 그것들을 행하도록, 너희가 그곳으로 점령하기 위해 들어가는 그 땅 안에서(신 4:14. 참고 신 6:1).

모세는 자신의 의지를 따라 가르친 것이 아니라 아도나이의 명령에 따라 이 "규례와 법도"(법규들과 법령들)를 이스라엘에게 가르쳤다. 모세는 이스라엘이 가나안 땅에서 이 "규례와 법도"(법규들과 법령들)을 지키기를 원한다. 이 "규례와 법도"(법규들과 법령들)은 가나안 땅과 밀접한 관련이 있다(4:1, 5, 14; 5:1, 31; 6:1). 이스라엘이 이 "규례와 법도"(법규들과 법령들)을 잘 지킬 때, 여러 가지 유익이 따른다. 첫째, 이스라엘이 살 수 있다. 둘째, 가나안 땅에 들어가서 그 땅을 점령할 수 있다(4:1). 하나님이 조상들에게 약속한 땅을 차지하는 것이다. 약속이 이루어진다. 셋째, 지혜가 있다(4:6). 이스라엘이 주변 국가들보다 뛰어나게 된다. 넷째, 기도할 때마다 아도나이께서 가까이하신다(4:7).

---

[55] 개역 개정은 신명기에서 주로 "법도"로 번역했다.
[56] *THAT* II, 999-1009. *TWAT* V, 93-107. *NIDOTTE* 2, 1142-1144.
[57] 개역 개정은 "공의"(창 18:25; 사 42:1), "공평"(출 23:6; 사 1:21), "율례"(출 15:25), "식양"(출 26:30), "판결"(출 28:15), "규례"(레 5:10), "법도"(레 20:22), "법"(레 24:22), "재판"(신 1:17), "제도"(삼상 8:9), "습관"(삼상 27:11), "심판"(사 4:4)로 다양하게 번역한다.

(4) 가증한 행위 또는 가증한 일

신명기는 이스라엘이 가나안 땅에 들어갈 것을 전제한다. 이스라엘은 가나안 땅에 들어가서 가나안 민족의 "가증한 행위"(תועבה)를 배우지 말아야 한다(신 18:9). 이것은 '혐오스러운 것'으로 아도나이께서 아주 지긋지긋하게 싫어하시는 것이다. 이 가증한 것은 여러 가지가 있다. 가장 먼저 아들과 딸을 불 가운데로 지나가게 하는 것이다. 인신 제사를 말하는데 우상을 섬기는 한 방법이다(겔 16:20-21; 20:31). 몰렉은 인신 제사로 유명하다. 이스라엘은 가나안의 인신 제사를 본받아 드리기도 했다(왕하 16:3; 21:6; 23:10; 렘 32:35). 하지만 율법은 인신 제사를 금지한다(레 18:21; 20:2-5). 열왕기 기자는 이스라엘이 망한 이유의 하나로 인신 제사를 지적한다(왕하 17:17).[58]

가증한 것은 또한 "점쟁이나 길흉을 말하는 자나 요술하는 자나 무당이나 진언자나 신접자나 박수나 초혼자"를 의미한다(신 18:10-11). "점쟁이"는 일반적으로 '점치는 자'이다. "길흉을 말하는 자"는 '예언 또는 점하는 자'이며[59] "요술하는 자"는 '징후를 관측하는 자'로 '징조를 해석하는 자'[60]이다. "무당"은 '마술을 행하는 자'이며 "진언자"는 '주문을 외는 자'로 주문을 묶는 자 또는 마술 매듭을 묶는 자이다. "신접자"는 '주술사'이며[61] "박수"는 '친숙한 영에게 묻는 자' 그리고 "초혼자"는 '죽은 자들에게 구하는 자'이다. 이스라엘은 가나안 민족으로부터 이런 가증한 행위를 배우지 말아야 한다. 가나안 민족이 가나안 땅에서 이스라엘에게 쫓겨난 이유가 바로 이런 가증한 행위 때문이다(신 18:12).

---

58 김영욱, 『신명기 II』 (서울: 솔로몬, 2016), 476.
59 히브리어 מעונן는 포엘 분사로 '구름을 살피는 자'의 뜻이다(YLT). 때와 시기를 살피는 자로도 해석할 수 있다(KJV). LXX는 "징조를 찾는 자 또는 받는 자"(κληδονιζόμενος)로 번역한다. 다른 헬라어 번역 심마쿠스는 "징후를 관찰하는 자"이다.
60 다음 영어 성경이 이렇게 번역한다(ESV, NAS, NIV, NKJ).
61 히브리어 אוב는 짐승의 가죽으로 만든 가죽 부대를 의미하기도 하는데, 아마 이것으로 주술사가 귀신에게 물었을 것이다.

이래서 이스라엘은 가나안 땅에 들어가서 헤렘 전쟁을 수행해야 한다. 헤렘은 가나안 땅에 거하는 모든 사람을 다 죽이는 전쟁 방식이다. 호흡이 있는 사람을 한 사람도 살려두지 않는 것이다.[62] 헤렘 전쟁 방식을 사용하는 이유는 가나안 민족이 살아남아서 이스라엘에게 이런 가증한 행위를 가르치지 못하도록 하기 위한 것이다(신 20:18).

(5) 노래

아도나이는 특이하게 모세와 여호수아에게 백성에게 노래를 가르치라고 명령한다. 이 노래는 미래를 예언한다. 이스라엘이 가나안 땅에 들어가서 아도나이를 떠나 다른 신을 섬길 때, 증거의 역할을 할 것이다.[63]

> 그리고 이제 너희를 위하여 이 노래를 기록하라, 그리고 그것을 이스라엘 아들들에게 가르쳐라, 그것을 그들의 입에 두라, 이 노래가 나에게 이스라엘 아들들 가운데 증거가 되기 위하여(신 31:19).

아도나이는 모세와 여호수아에게 이스라엘이 하나님이 그들의 조상에게 주기로 약속한 가나안 땅에 들어가서 먹고 만족하며 살찔 것을 말씀하신다. 이때 이스라엘이 "돌이켜 다른 신들을 섬기며 나를 멸시하며 내 언약을 어기리니" 하고 예언하신다(신 31:20). 이스라엘이 다른 신을 섬기는 것은 십계명의 제 일 계명을 어기는 행위이며 아도나이와 맺은 언약을 깨뜨리는 행

---

[62] 전쟁법에 따르면 이스라엘의 전쟁 방식은 두 가지이다. 하나는 가나안 땅 밖에 사는 민족과 전쟁하는 방식인데, 먼저 화평할 수 있다. 화평하기를 원하면 조공을 받으면 된다. 그러나 만일 전쟁하기를 원하면 남자만 죽이고 여자와 아이는 포로로 잡아올 수 있다(신 20:10-15). 다른 하나는 헤렘 전쟁 방식이다. 가나안 땅에 사는 민족들을 다 진멸하는 전쟁 방식이다(신 20:16-18).
[63] 신명기 31장부터 34장은 이스라엘의 미래를 조망하는 부분이다. 모세는 이스라엘이 가나안 땅에 들어가서 아도나이를 배반할 것을 예고한다. Duane L. Christensen, *Deuteronomy 1:1-21:9* (Nashvile: Nelson, 2001), xciii.

위이다.⁶⁴ 이스라엘이 약속의 땅에서 언약을 어기며 율법에 불순종할 때, 저주와 재앙이 임할 것이다. 이때 이스라엘이 부르는 이 노래가 증인이 될 것이다(신 31:21). 이스라엘이 왜 저주와 재앙을 당하는지 이 노래가 설명하는 것이다. 아도나이의 명령을 받은 모세는 이스라엘에게 이 노래를 가르친다 (31:22).⁶⁵

이 증거의 노래는 길게 나온다(신 32:1-43). 아도나이와 이스라엘은 부자 관계이다. 아버지는 신실하게 아들을 인도했다. 하지만 아들은 아버지를 닮지 않았다. 아도나이는 이스라엘을 광야에서 보호하시며 가나안 땅으로 인도하셨다. 이스라엘은 가나안 땅에서 풍성한 소출을 먹고 만족해한다. 하지만 이스라엘은 살찌고 비대해지자 하나님을 발로 찬다. 이스라엘이 배반한 것이다.⁶⁶ 이스라엘은 고집이 세서 이스라엘을 만드신 하나님을 버린다. 구원의 반석을 가볍게 여기고 혐오스러운 것들로 하나님을 질투하게 하며 신이 아닌 귀신에게 제사함으로 그를 진노하게 만든다. 그러자 하나님도 이스라엘에게 구체적인 반응을 보이신다. 하나님의 백성이 아닌 자들로 이스라엘을 질투하게 하며 진노의 불을 이스라엘에게 보내신다. 더위와 질병과 전쟁과 들짐승을 보내신다. 땅의 소출이 적어진다. 하나님이 이스라엘을 적에게 파심으로 이스라엘이 전쟁에서 패배한다. 언약의 저주가 이루어진다. 이스라엘은 지혜와 명철이 없는 백성이다. 이스라엘이 이렇게 저주와 재앙을 당할 때, 하나님이 이스라엘을 조롱하신다. 이스라엘이 섬기던 신들이 어디 있느냐고 물으신다. 하지만 이 증거의 노래는 마지막에 반전을 보인다. 하나님이 이스라엘을 고치신다. 하나님이 이스라엘의 적들에게 복수하시며 이스라엘을 용서하시며 다시 가나안 땅으로 돌아오게 하신다. 이 노래에 이스

---

64 여기서 언약 파기는 모압 언약을 깨뜨리는 것이다(신 29장). Thompson은 이 장의 주제는 "언약 소송 또는 고소"라고 말한다. J. A. Thompson, *Deuteronomy*, 297.
65 Labuschagne는 32장을 교훈적인 설교로 말한다. C. J. Labuschagne, *Deuteronomium deel III* (Baarn: Callenbach, 1997), 217.
66 이스라엘의 하나님 부인은 이 증인의 노래의 중요한 주제 가운데 하나이다. G. von Rad, *Deuteronomy*, 196.

라엘의 미래가 예언되었다.

3. 아도나이 경외

이스라엘의 교육 내용은 명령, 말씀, 규례와 법도로 나오는데 이것은 토라를 의미한다. 하나님이 모세에게 말씀하신 토라를 모세는 이스라엘에게 가르쳤고 이스라엘은 토라를 배웠다. 이스라엘은 다시 가정에서 토라를 자녀들에게 가르쳤다. 이스라엘은 가나안 땅에 들어가서 그곳 주민들의 가증한 행위를 배우지 말아야 했다. 만일 이스라엘이 가나안 민족의 가증한 행위를 배워 우상을 숭배할 때, 이스라엘의 미래는 부정적이며 암울하다. 모세는 이스라엘에게 이런 부정적인 미래가 담겨 있는 증인의 노래를 가르쳤다. 신명기의 교육은 한마디로 정의하면 토라 교육이다. 그런데 이 교육 내용에서 한 가지 덧붙여야 할 것은 아도나이 경외(ירא)이다.[67]

모세는 시내산에 하나님이 현현하신 날을 회고하면서 하나님이 이스라엘에게 나타나신 목적을 이렇게 설명한다.

> 네가 호렙에서 네 하나님 아도나이 앞에 섰던 날, 아도나이께서 나에게 말씀하셨을 때, 그 백성을 나에게 모으라, 그러면 내가 그들에게 나의 말을 들려주겠다, 그들이 나를 두려워하는 것을 배우기 위하여, 그들이 그 땅 위에 사는 모든 날들에 그리고 그들이 그들의 아들들을 가르치기 위하여(신 4:10).

하나님은 이스라엘 백성을 집합시켜서 "나의 말(דבר)"을 들려주려고 하신다. 먼저 하나님의 말씀을 들려주시려는 하나님의 의지가 드러난다. 여기서 우리 주제와 관련된 동사 '라마드'(למד)가 두 번 나온다. 하나님의 말

---

[67] *THAT* I, 765-778. *TWAT* III, 869-893. *NIDOTTE* 2, 527-533.

씀을 들려주시려는 목적은 첫째, "그들이 나를 두려워하는 것을 배우기 위하여"이다. 여기서 '라마드'(למד) 동사는 칼형으로 나온다. "두려워하는 것"(ליראה)은 동사 '야레'(ירא) '두려워하다,' '경외하다,'의 칼 부정사이다. 두려움은 신앙의 근본적인 감정이다. 하나님을 두려워해야 하나님의 말씀을 듣고 순종하며 예배하기 때문이다. 이스라엘은 하나님을 두려워하는 것을 배워야 한다. 둘째, "그들이 그들의 아들들을 가르치기 위하여"이다. 여기서 '라마드'(למד) 동사는 피엘형이다. 하나님께 말씀을 들은 아버지가 자녀에게 아도나이 경외를 가르쳐야 한다. 여기서 세대 간의 교육을 말한다. 하나님이 현현하셔서 말씀하신 것을 아버지는 듣고 그것을 가정에서 자녀에게 교육해야 한다. 세대 간의 교육이다.

　신명기는 아도나이 경외를 가르치는 것보다 배울 것을 강조한다. 이스라엘은 매년 십일조를 중앙 성소로 가져가야 한다. 그곳에서 십일조를 드리며 먹을 수 있다. 이스라엘은 이 명령을 지킴으로 아도나이 경외를 배울 수 있다(14:23). 아도나이 경외는 일반 백성이나 왕이나 똑같다. 왕이라고 해서 예외를 두지 않는다. 왕은 왕위에 오른 후에 율법을 쓰고 읽어서 아도나이 경외를 배워야 한다(17:19). 왕이 이 규례를 잘 지킬 때, 그의 왕권이 견고할 것이다. 모세는 율법을 써서 제사장들과 장로들에게 주면서 매 칠 년 초막절에 지켜야 할 사항을 명령한다. 이스라엘은 초막절에 하나님이 선택한 중앙 성소에 모인다. 특별히 매 칠 년 초막절에 율법을 공개적으로 낭독해야 한다. 이때 이스라엘의 모든 남자, 여자, 자녀 그리고 이방인들도 모여서 이 율법을 듣고 아도나이 경외를 배워야 한다. 여기서 가나안 땅에 머무는 이방인들도 포함된 것이 특이하다. 더 나아가 가나안 땅에서 태어난 다음 세대들 역시 이 율법을 듣고 아도나이 경외를 배워야 한다(31:12, 13). 아도나이 경외는 이스라엘과 왕이 그리고 다음 세대가 율법을 듣고 삶에서 실천함으로 배우는 것이다.[68]

---

[68] 잠언에서 아도나이 경외는 삶의 지혜이다. 아도나이 경외가 모든 지혜와 지식의 근원임을 밝힌

아도나이 경외는 이스라엘의 교육 내용인 율법과 성격에서 조금 다르게 나타난다. 아도나이 경외는 자주 부정사 형태로 나오는 데 "나를 두려워하는 것(칼 부정사)"과 "나의 모든 계명들을 지키는 것(칼 부정사)"이 동격으로 나온다(신 5:29). 이런 형태는 "이 모든 법규를 행하도록(칼 부정사)"과 "아도나이 우리의 하나님을 두려워하도록(칼 부정사)"으로도 나타난다(신 6:24). 여기서 알 수 있는 사실은 아도나이 경외는 하나님의 명령과 법규를 준수하는 것으로 드러난다(신 28:58). 아도나이 경외는 율법에 순종을 요구하는 것이다. 또한 이런 형태는 "아도나이 너의 하나님이 너에게 요구하는 것이 무엇이냐"는 질문에 대한 대답이 네 개의 부정사 형태로 주어진다. "아도나이 너의 하나님을 두려워하는 것(칼 부정사)," "그의 모든 길들 안에 걷는 것(칼 부정사)," "그를 사랑하는 것(칼 부정사)," 그리고 "아도나이 너의 하나님을 섬기는 것(칼 부정사)"이다(신 10:12). 여기서 아도나이 경외는 아도나이를 섬기는 것, 아도나이를 사랑하는 것 그리고 아도나이의 길로 걷는 것으로 나타난다.

이스라엘의 교육은 토라 교육이다. 이 율법은 신적 기원을 가지며 이스라엘이 하나님과 맺은 언약의 내용이며 이스라엘의 예배와 관련이 있다. 이스라엘은 가나안 땅에 들어가서 이 율법을 잘 지켜야 한다. 이스라엘이 율법을 가르치고 배우는 일은 결국 아도나이를 경외하기 위해서였다. 아도나이 경외는 삶에서 율법을 실천하는 것이다. 아도나이 경외는 다른 말로 하면 아도나이 사랑이다. 아도나이를 사랑하는 방법은 아도나이의 명령을 지키는 것이며(신 5:10; 7:9; 11:1) 아도나이를 경외하는 것이며(신 5:29; 10:12) 아도나이의 길을 걸어가는 것이다(신 8:6).

이스라엘이 율법의 말씀을 가르치고 배우고 실천하는 것이 바로 아도나이를 경외하며 사랑하는 구체적인 방법이다(신 6:1-9). 이스라엘은 아도나이를 경외하며 아도나이를 사랑하는 방법을 세대를 이어 교육함으로 그들의

다(잠 1:7). 잠언은 현실적인 삶에서 아도나이를 어떻게 경외할 것인지를 말한다. 잠언의 지혜는 현실적이고 세속적인 성격을 갖는다. 트럼퍼 통맨, 레이몬드 딜러드, 『최신 구약 개론』, 351.

정체성을 유지한 것이다. 이스라엘이 나라 없는 백성으로 약 천팔백 년 동안 각 나라를 떠돌아다녔지만 그들의 언어, 문화, 종교를 지키며 정체성을 유지할 수 있었다. 이차 세계대전 후에 이스라엘이 가나안 땅에 돌아와서 끊어졌던 그들의 역사를 이어 나가는 것은 아도나이 경외라는 목표를 가지고 있는 교육 때문이다. 이것은 또한 앞으로도 세대 간에 계속 교육해야 할 과제이다.

06
언약의 말들, 십계명[69]

하나님이 시내산에 불 가운데 현현하셔서서 직접 십계명을 말씀하셨다(출 20:1-17). 이스라엘 백성이 불, 우레, 번개, 나팔 소리와 구름 가운데 나타나신 하나님을 두려워하여 모세에게 대신 하나님의 말씀을 듣고 와서 전달해 달라고 요구했다(출 20:18-21). 하나님은 모세를 통하여 다른 율법을 주셨다. 일명 언약의 책이다(출 20:22-23:33). 그 후에 하나님은 이스라엘과 언약을 세웠다(출 24:1-11). 모세는 이 사건을 회고하면서 하나님이 이스라엘과 맺은 언약을 언급한다.

아도나이 우리의 하나님이 우리와 호렙에서 언약을 맺었다(신 5:2).

흥미롭게도 모세는 하나님이 "우리와" 언약을 맺었다고 말한다. "우리"는 모세와 여호수아를 포함한 출애굽 후세대를 의미한다. 출애굽 후세대는 가데스 바네아 사건 때에 만 이십 세 미만의 아이들과 광야에서 새롭게 태어난 사람들이다. 새로운 세대가 자라서 지금 이스라엘을 형성하고 있다. 그

---

[69] 이 부분은 김영욱, 『신명기 I』, 335-396에서 가져와 수정하고 보완한 것이다.

런데 모세는 호렙산에서 이들과 언약을 맺었다고 말한다. 사실 이들은 호렙산에서 언약을 세울 때, 주축이 아니었다. 출애굽 세대는 광야에서 다 죽었다(신 2:14-15). 그렇다면 모세는 왜 하나님이 "우리와" 언약을 맺었다고 말하는가 하는 질문이 든다.

> 아도나이께서 우리의 조상들과 이 언약을 맺지 않았다. 그러나 우리와 우리,
> 이들, 오늘 여기에 살아 있는 우리 모두와(신 5:3).

모세는 호렙산 언약을 "우리의 조상들"과 맺지 않았다고 말한다. 여기서 조상들은 아브라함과 이삭과 야곱을 의미하는 것이 아니라 출애굽 세대이다. 호렙산 언약은 사실 아브라함과 이삭과 야곱과 아무런 관련이 없다. 모세는 "우리"를 강조하며 이 호렙산 언약을 "오늘 여기에 살아 있는 우리"와 맺었다고 말한다. "살아 있는"이라는 표현이 죽은 조상들과 대조를 이룬다. 모세는 지금 과거의 호렙산 사건을 현재화하고 있다. 쉽게 말하면 호렙산 언약을 오늘 살아 있는 출애굽 후세대에게 적용하고 있다. 모세는 그의 설교에서 과거 사건을 현재로 적용하는 것이다.

1. 오늘, 현재화.[70]

모세는 과거 시내산 사건을 "오늘"로 현재화하고 있다. 이 부분이 신명기의 특이한 부분 가운데 하나이다. "오늘"(היום)은 '날' 또는 '일'(יום)에 정관사(ה)가 붙은 형태이다. '날'(יום)은 신명기에서 167회(단수 109회, 복수 58) 나오며 이 가운데 정관사가 붙은 "오늘"(היום)은 74회 나타난다. "오늘"은 '오늘날'로도 번역할 수 있다. 모세가 출애굽 후세대에게 신명기를 설교하고

---

[70] 이 부분은 김영욱, 『신명기 I』, 63-67에서 가져와 일부 수정한 것이다.

있는 시점을 의미한다. 그런데 흥미롭게도 모세는 오늘이라는 표현에 과거의 사건, 현재의 모세 설교 그리고 이스라엘의 미래를 다 포함한다.

모세가 과거의 사건을 그의 설교에서 현재화하고 있는 사건들 가운데 몇 개의 예를 들면, 첫째 사법 제도를 들 수 있다. 과거에 천부장, 백부장, 오십부장, 십부장을 세운 사건을 말한다.

> 아도나이 너희의 하나님이 너희를 많게 하셨다, 그리고 보라 오늘 너희가 하늘의 별과 같이 많다(신 1:10).

모세가 이 지도자들이 필요한 이유로 하나님이 조상들에게 하신 약속이 성취되었다고 설명한다. 천부장과 백부장을 세운 사건은 과거이다. 그런데 모세는 하나님의 약속을 이루심으로 오늘 그 숫자가 많아졌다고 한다.

둘째 예는 가데스 바네아 사건이다. 출애굽 세대가 가데스 바네아에서 가나안 땅을 점령하라는 명령에 불순종함으로 가나안 땅에 들어가지 못하는 심판을 받았다. 이때 아이들, 이십 세 미만은 심판에서 제외되어 가나안 땅에 들어가는 것이 허용되었다. 모세는 이 사건을 현재화하여 이렇게 말한다.

> 그리고 너희가 먹이가 될 것이라고 말했던 너희의 작은 자들과 오늘 선과 악을 알지 못하는 너희의 아이들, 그들은 거기로 들어갈 것이다, 그리고 내가 그들에게 그것을 줄 것이며 그들은 그것을 점령할 것이다(신 1:39).

모세는 "오늘"이라는 표현을 사용하여 하나님의 심판이 과거에 주어졌지만, 현재 "오늘" 설교를 듣고 있는 출애굽 후세대와 그 사건을 연결하고 있다. 현재 모세의 설교를 듣는 후세대는 요단강을 건너 가나안 땅을 정복하려고 준비하고 있다. 하나님은 이들에게 가나안 땅을 줄 것이며 이들은 그 땅을 점령할 것이다. 과거에 주어졌던 하나님의 심판이 "오늘" 새롭게 조명되고 있다.

셋째 예는 위에서 언급한 시내산 언약 사건이다. 모세는 과거에 하나님이 출애굽 세대와 세웠던 시내산 사건을 출애굽 후세대에게 적용한다.

이렇게 과거에 일어났던 사건은 "오늘"이라는 시간 속에서 현재화되었다. "오늘"은 모세가 모압 땅에서 율법을 다시 설명하는 시점이다. 다음 구절들에서 더 자세하게 나온다.

"내가 오늘 너희 앞에 두는" + "이 모든 법"(4:8).
　　　　　　　　　　　　　"법규들과 법령들"(11:32).
"내가 오늘 말하는 법규들과 법령들"(5:1).
"내가 오늘 너에게 명령하는" + "그의 법규들과 그의 명령들"(4:4; 27:10).
　　　　　　　　　　　　　"이 말씀들"(6:6).
　　　　　　　　　　　　　"모든 명령"(8:1; 11:8).
　　　　　　　　　　　　　"그의 명령들과 그의 법규들과 그의 법령들"(8:11).
　　　　　　　　　　　　　"그의 법규들과 아도나이의 명령들"(10:13).
"내가 오늘 너희에게 명령하는" + "나의 명령들"(11:13).
　　　　　　　　　　　　　"그 길"(11:28).
　　　　　　　　　　　　　"모든 말씀들"(28:14).

위의 분석에서 보듯이 모세는 "오늘" 출애굽 후세대에게 하나님의 말씀인 율법을 설교하고 있다. "오늘"은 모세가 설교하는 시점이다. 모세는 이스라엘에게 오늘 선포하는 율법을 잘 듣고 순종하라고 당부한다(27:1). 모세는 설교를 마친 후 아도나이와 이스라엘 사이의 친밀한 관계를 말한다. "오늘" 이스라엘이 아도나이를 너의 하나님이라고 선언하며 아도나이 역시 "오늘" 이스라엘을 그의 백성이라고 선언하신다(26:16-18). 상호 언약 관계를 확인하며 선포하는 것이다. 언약을 통하여 이스라엘은 하나님의 백성이 되고 하나님은 이스라엘의 하나님 아도나이가 되는 것이다.

아도나이와 이스라엘의 관계는 모압 땅에서 다시 언약을 체결함으로 더욱 구체화 된다. 이스라엘의 모든 사람, 남자, 여자, 아이와 나그네까지 다 아도나이 앞에서 "오늘" 언약을 맺기 위하여 서 있다(29:10). 이 언약에는 "오늘" 참여하지 않은 미래의 오고 오는 모든 세대가 포함된다(29:15).

이스라엘이 가나안 땅에서 번영할 것인지 아니면 망할 것인지는 언약의 준수 여부에 달려 있다. 이스라엘이 율법에 순종할 때는 번영하고 번성하지만, 불순종할 때는 멸망이 기다린다. 모세는 이스라엘 앞에 실패와 성공, 생명과 사망, 복과 저주를 놓고 살기 위하여 복과 생명을 선택하라고 한다(30:15).

> 내가 오늘 너희에게 하늘과 땅을 증인으로 부른다, 내가 생명과 사망을, 복과 저주를 너 앞에 두었다, 그리고 너는 생명을 선택해야 한다, 너와 너의 후손이 살기 위하여(30:19).

이스라엘의 미래는 이제 "오늘" 선포되는 율법 준수와 긴밀한 관련이 있다. "오늘" 선포되는 율법에 순종할 때, 이스라엘은 번창하며 복을 받는다(28:1-14). 하지만 불순종할 때, 이스라엘은 망하고 포로로 잡혀간다. 저주와 재앙을 받는다(28:16-68).

2. 십계명

모세가 "오늘" 선포하는 율법의 핵심은 십계명이다. 이 언약의 말들이 율법의 근간이며 요약이다. 십계명은 신명기 5:6-21절에 나온다. 이전에는 출애굽기 20:1-17절에 나왔다. 이렇게 십계명이 두 번 주어지는 것은 언약이 두 개이기 때문이다. 출애굽기의 십계명이 출애굽 세대에게 시내산 언약으로 주어졌다면, 신명기의 십계명은 출애굽 후세대에 모압 언약으로 다시 주어진 것이다. 두 개의 십계명을 비교해보면 약간의 변화 외에는 거의 유사하다. 이 점이 두 언약 사이의 연속성을 보여주며 또한 역사적으로 현재화되었음을 보여준다.

십계명이라는 명칭은 2세기 초대 교부인 클레멘츠에 의해 처음 사용되었지만, 그 명칭은 성경에서 나왔다. 십계명은 "열 개의 말씀들"로 하나님이 이스라엘에게 직접 선포하신 언약이다(신 4:13). 이래서 "언약의 말씀들"로 부르기도 한다(출 34:28). 하나님이 직접 두 돌판 위에 써 주셨는데, 이것을 법 또는 계명으로 불렀다(출 24:12). 하나님이 처음 써주신 돌판은 이스라엘이 금송아지를 만들어 숭배하자 모세가 던져서 깨뜨렸다. 이스라엘이 금송아지 우상을 만들어서 언약이 깨진 것을 보여준다. 하지만 하나님이 다시 언약을 회복하였고 모세는 돌판을 다시 만들었다. 하나님이 이 돌 판 위에 십계명을 다시 써 주셨다. 이 돌판은 언약궤 또는 법궤로 불리는 상자에 보관되었다.

십계명은 다음과 같은 특성이 있다.

1) 십계명의 독특한 점은 하나님이 직접 시내산에서 불 가운데서 나타나셔서 직접 말씀하셨고 직접 써주셨다는 데 있다. 십계명이 언약 또는 율법으로 불리기 때문에 이것은 시내산에서 선포된 법들의 근본적인 법이며 전체 법들의 요약으로 간주할 수 있다.[71]
2) 십계명(신 5:6-21)은 2인칭 단수 '너'로 나오지만, 십계명을 둘러싸고 있는 본문(신 5:5, 22)은 2인칭 복수 '너희'로 나온다. 이는 십계명의 선포가 집합

---

[71] 종교 개혁자 칼빈은 창세기를 제외하고 십계명으로 출애굽기, 레위기, 민수기와 신명기를 주해했다. 그는 십계명의 각 계명에 해당한다고 생각하는 본문들을 출애굽기, 레위기, 민수기와 신명기에서 모아다가 한데 모아놓고 주해했다. 칼빈은 십계명을 모세의 네 권의 책에 대한 해석 원리로 사용한 것이다. J. Calvin, *Harmony of Exod., Lev., Numb., Deut.*, (Grand Rapids, 1950), 25-26. 카우프만은 십계명을 신명기 12-26장과 관련하여 해석했다. 신명기가 십계명의 도덕적 원리를 밝히기 위한 문학적인 구조를 가지고 있다고 주장한다. S. A. Kaufman, "The Structure of the Deuteronomic Law," *Maarav* 1/2 (1978/9), 105-158. 브라우리크 역시 신명기 12-26장의 각 법들은 십계명을 따라서 이루어졌다고 말한다. G. Braulik, *Die Deuteronomischen Gesetze und der Dekalog* (Stuttgart, 1991), 11-22.

적인 이스라엘 회중을 상대로 주어졌지만, 그 계명들의 실천은 회중 개개인에게 있음을 뜻한다.

3) 십계명은 하나님께서 직접 선포하셨을 뿐만 아니라 그것을 직접 두 돌판 위에 써 주셨다(신 5:22). 하나님은 언약의 파트너인 이스라엘과 인격적인 대화를 나누셨고 동시에 하나님의 뜻과 의도를 명확하게 글로 남기셨다. 말은 쉽게 사라져 가지만 글은 오랫동안 남아 있다. 하나님의 말을 직접 들은 사람들은 죽어서 역사 속에서 사라지지만 하나님의 글은 남아 있고 말을 듣지 못한 사람들에게도 글이 대신 말하며 증거한다. 그리고 십계명이 기록되어 있는 돌 역시 쉽게 부식되지 않는다는 사실이다.

4) 십계명은 어떤 추상적이고 이상적인 법들을 말하지 않고 한 사회 속에서 인간의 삶에 적용되는 아주 구체적이고 실제적인 법들이다.

5) 십계명의 내용은 두 부분으로 나누어지는데 첫 번째는 하나님과 관련하여 주어졌고(신 5:7-15) 두 번째는 사람과 관련하여 주어졌다(신 5:16-21). 다른 구분으로 10계명을 5계명씩 나눌 수 있다. 흥미롭게도 이 구분에서 1-5계명에는 "아도나이(너의 하나님)"이 나오는 데 반하여 6-10계명에는 나오지 않는다.

6) 모세오경 안의 대부분의 법들은 상황과 관련하여 주어지는데, 반해 십계명은 어떠한 상황과 시간에 관계없이 무조건적 명령으로 주어졌다.

7) 모세오경에서 많은 법이 계명들을 어겼을 시 받는 형벌을 기록하고 있다. 그러나 십계명은 이 계명들을 어겼을 시에 주어지는 어떤 구체적인 처벌 규정들을 담고 있지 않다.

8) 십계명 가운데 두 계명은 긍정적으로 주어졌고(안식일 계명과 부모 공경 계명) 나머지는 부정적으로 주어졌다.

9) 우상 숭배 금지 명령인 2계명과 안식일 계명인 4계명은 매우 긴 반면에 다른 계명들은 상대적으로 매우 짧다. 이런 사실은 십계명이 2계명과 4계명을 강조하고 있다는 사실을 보여 준다.

10) 십계명은 열 개의 말씀들이다. 하지만 이 열 개의 말씀들의 구분이 명확

하지 않다. 개신교는 6절을 십계명의 서론으로 간주하는 반면에 유대교는 이것을 1계명으로 간주하며 개신교의 1계명과 2계명을 합쳐서 2계명으로 간주한다. 어거스틴의 분류를 따라서 로마 가톨릭과 루터교는 개신교의 1계명과 2계명을 1계명으로 간주하며 개신교의 10계명을 둘로 나누어 9계명과 10계명으로 계산한다.

3. 다른 신과 안식일

위에서 우리는 우상 숭배 금지 계명과 안식일 계명이 가장 길다고 언급했다. 사실 1계명과 2계명은 같은 내용으로 취급할 수 있다. 하나님이 가장 길게 말씀하시고 길게 써주셨다는 사실은 강조하는 것이다. 하나님이 가장 중요하게 여긴다는 의미이다.

(1) 다른 신

하나님은 가장 먼저 자신이 누구인지를 소개하시고 나서 다른 신을 섬기지 말라고 말씀하신다. 하나님이 다른 신을 섬기지 말라는 말씀을 가장 먼저 하셨다. 이 계명이 그만큼 중요하다는 사실을 보여준다. 하나님의 자기소개 형식과 다른 신이 서로 대조를 이룬다.

> 나는 이집트의 땅에서 노예의 집에서 너를 데리고 온 아도나이 너의 하나님이다, 다른 신이 너에게 있어서는 안 된다, 내 앞에서(5:6-7).

하나님은 "나는"하고 자신을 소개하신다. 히브리어는 '나 아도나이 너의 하나님'(אנכי יהוה אלהיך)으로 동사가 없다. 동사를 넣어서 '나는 아도나이 너의 하나님이다'로 그리고 '나 아도나이는 너의 하나님이다'로도 번역할 수 있다. 하나님은 자신을 출애굽의 하나님으로 소개하신다. 이스라엘을 이집트에서 구원하신 아도나이이다. 출애굽은 이스라엘에 가장 큰 구원 사건이다. 이 하나님의 자기소개는 십계명을 말씀하시는 분이 새로운 신이 아니라 출애굽의 구원자 하나님이 지금 나타나서 율법을 수여하는 것을 의미한다.

"나 아도나이 너의 하나님"과 대조를 이루는 것은 "다른 신"(אחרים אלהים)이다. "다른 신"의 히브리어는 복수로 '다른 신들'이다. 다른 신은 이스라엘 주변 국가들이 섬기는 이방 신이다. 한 마디로 외국 신들을 뜻한다. "내 앞에서"는 하나님 앞에서 다른 신을 섬기지 말라는 것이다. 이 계명은 이스라엘 역사에서 가장 중요하다. 이스라엘이 다른 신을 섬긴다는 것은 하나님과 맺은 언약을 깨뜨린다는 뜻이기 때문이다. 하지만 정작 이스라엘의 역사는 이 계명과 반대로 나아갔다. 사사기의 역사는 이스라엘의 반역을 보여준다. 이스라엘은 계속 하나님 앞에서 악을 행한다. 다른 신을 따라간 것이다.

이스라엘은 가나안 땅의 백성을 다 진멸하라는 헤렘 전쟁을 완전히 수행하지 못했다(신 7:1-5). 유다 지파는 골짜기 거민을(삿 1:19), 베냐민 지파도 예루살렘에 사는 여부스 족속을(삿 1:21), 므낫세 지파 역시 벧스안, 다아낙, 돌, 이블르암, 므깃도를(삿 1:27-28), 에브라임은 게셀에 거주하는 가나안 족속을(삿 1:29), 스불론은 기드론과 나할롤 주민을(삿 1:30), 아셀 지파는 악고, 시돈, 알랍, 악십, 헬바 아빅, 르홉 거민들을(삿 1:31-32) 그리고 납달리는 벧세메스와 벧아낫에 거주하는 주민을 몰아내지 못했다(삿 1:33). 단 지파는 오히려 아모리 족속에게 쫓겨서 산지에 몰려갔다. 아모리 족속이 헤레스산, 아얄론, 사알빔에 거주했다(삿 1:34-35). 이스라엘은 헤렘 전쟁을 온전히 수행하지 못하고 가나안 민족들과 불안한 동거를 시작했다.

이스라엘의 지파들이 이렇게 완전히 가나안을 정복하지 못한 이유는 불순종 때문이다. 유다 지파는 그래도 하나님의 약속의 말씀을 의지하고 전쟁해서 승리를 거뒀다(삿 1:1-10). 이들에게는 갈렙이라는 지도자가 있었기 때문이다(삿 1:12-15).

이스라엘의 지파들은 가나안 민족들을 완전히 진멸하는 데 실패했다. 그러나 더 큰 문제는 이스라엘이 가나안 민족의 신들을 섬기는 것이다. 여호수아는 분명히 남아 있는 민족에게 가서 언약을 맺지 말고 그들과 통혼하지 말라고 경고했다. 그러나 이스라엘은 이 말에 불순종한다. 이에 하나님이 무명의 사자를 보내 이 일을 책망한다.

> 너희는 이 땅의 주민과 언약을 맺지 말며 그들의 제단들을 헐라 하였거늘 너희가 내 목소리를 듣지 아니하였으니 어찌하여 그리하였느냐(개역 개정, 삿 2:2).

이스라엘은 가나안 땅에서 처음부터 아도나이의 법을 지키는 데 실패한다. 그 결과 아도나이는 가나안 땅에 사는 가나안 민족들을 쫓아내지 않겠다고 선언하신다. 그들이 가나안 땅에 남아서 이스라엘에게 올무가 될 것을 예고하신다(삿 2:3). 이스라엘의 배도는 여호수아 시대에 생존했던 사람들이 다 죽고 난 후에 더 심각해진다.

> 그 후에 일어난 다른 세대는 여호와를 알지 못하며 여호와께서 이스라엘을 위하여 행하신 일도 알지 못하였더라(개역 개정, 삿 2:10).

여호수아 세대로부터 다음 세대로 신앙이 제대로 전수되지 못했다. 다음 세대는 아도나이를 알지 못한다. 그 결과 이스라엘은 아도나이를 떠나 바알을 섬기는 우상 숭배를 한다. 제 1계명을 어기는 행위이다. 이스라엘의 배도는 사사기에서 다음과 같은 패턴으로 나온다.

1) 범죄 (2:11,13) – "이스라엘 자손이 여호와의 목전에 악을 행하여 바알들을 섬기며."
2) 진노(2:14) – "여호와께서 이스라엘에게 진노하사."

3) 압제(2:14) - "노략하는 자의 손에 넘겨주사 그들이 노략을 당하게 하시며."

4) 부르짖음(2:18) - "그들이 대적에게 압박과 괴롭게 함을 받아 슬피 부르짖으므로."

5) 구원(2:16, 18) - "여호와께서 사사들을 세우사 노략하는 자의 손에서 그들을 구원하게 하셨으나."

6) 재범죄(2:19) - "그 사사가 죽은 후에는 그들이 돌이켜 그들의 조상보다 더욱 타락하여."

이 패턴은 사사기 역사에서 6번이나 반복해서 나온다. 그만큼 이스라엘의 타락이 심각했다는 것을 보여준다.

이스라엘을 유혹하는 다른 신은 주로 바알과 아세라이다. 바알은 "주인"이라는 뜻이며 폭풍의 신이다. 구름을 타고 다니며 번개를 손에 잡고 있다. 가나안 백성은 땅에 비를 내려 주는 신으로 인식하고 있다. 농사와 목축을 위해서는 비가 필수적이다. 그래서 가나안 사람들은 비를 내려 주는 바알 신을 섬긴다. 바알의 아내는 아낫과 아스다롯이다. 바알과 아스다롯이 함께 나온다(삿 2:13). 바알과 아세라를 같이 말하기도(삿 6:25) 하지만 가나안 신화에 따르면 가나안의 최고신은 엘이며 그의 아내가 아세라이다. 가나안 사람들은 바알을 다산을 주는 신으로도 생각했다. 현대인들은 자녀들을 많이 낳지 않으려고 하지만 고대인들에게 다산은 복이다. 자녀들이 많다는 것은 그만큼 군사력과 노동력이 강하다는 의미이다. 가나안 사람들은 바알과 그의 아내들의 성적 활동을 자극하기 위하여 이들에게 제사를 드리며 성관계를 갖는다. 이러한 모습을 바알 브올 사건에서 볼 수 있다(민 25:1-3). 성관계는 다산을 비는 의식이다. 이래서 선지자들이 이스라엘의 음행을 비난했다(렘 2:20, 23-25; 3:1-3, 6, 8-9; 호 4:11-14). 가나안 백성은 바알을 풍요와 다산을 주는

신으로 인식했다.[72]

약속의 땅에서 이스라엘이 다른 신을 섬기는 역사는 계속 이어진다. 특히 솔로몬은 노년에 이방 여인들의 유혹에 빠져서 다른 신을 섬긴다. 물론 일부다처는 사울과 다윗에게도 나타났다. 그러나 솔로몬은 너무 많은 이방 여인이 문제였다. 천 명의 여인들과 바로의 딸이 있었다(왕상 11:1-3). 열왕기는 솔로몬의 여자 문제에 대해서 구체적으로 논평한다.

> 솔로몬 왕이 바로의 딸 외에 이방의 많은 여인을 사랑하였으니 곧 모압과 암몬과 에돔과 시돈과 헷 여인이라. 여호와께서 일찍이 이 여러 백성에 대하여 이스라엘 자손에게 말씀하시기를 너희는 그들과 서로 통혼하지 말며 그들도 너희와 서로 통혼하게 하지 말라 그들이 반드시 너희의 마음을 돌려 그들의 신들을 따르게 하리라 하셨으나 솔로몬이 그들을 사랑하였더라(개역 개정, 왕상 11:1-2).

솔로몬이 많은 이방 여인을 사랑했다.[73] 열왕기는 솔로몬이 사랑한 이방 나라들을 열거한다. 열왕기는 솔로몬의 국제결혼을 옛날에 아도나이께서 하신 신명기의 말씀을 어긴 것이라고 지적한다(신 7:2-4. 참고 신 17:17). 모세가 이방 여인을 아내로 두지 말라고 한 이유는 신앙 때문이다.

> 왜냐하면 그가 너의 아들을 나를 따르는 데에서 돌이키게 할 것이며, 그들이 다른 신들을 섬길 것이기 때문이다, 그리고 아도나이의 진노가 너희를 대하여 타오를 것이며 그가 너를 갑자기 멸망시키실 것이다(신 7:4).

---

[72] 사사기에 나오는 다른 신에 대한 설명은 김영욱, 『대망의 책』 (서울, 2020), 205-208에서 가져와 수정하고 보완한 것이다.

[73] 70인경은 "솔로몬 왕은 여인들의 사랑받는 자였다"로 번역한다(ὁ βασιλεὺς Σαλωμων ἦν φιλογύναιος). 이 번역은 이방 여인들이 솔로몬을 사랑한 것으로 솔로몬에게 면죄부를 주려는 뉘앙스를 풍긴다.

이방 여인이 이스라엘을 "돌이키게 할 것" 즉 아도나이를 떠나게 할 것이기 때문에 국제결혼을 금했다. 하지만 솔로몬은 이방 여인을 사랑하여 국제결혼을 했다. 이는 율법을 어기는 행위이다. 결국 이방 여인들은 솔로몬의 마음을 아도나이를 떠나 다른 신으로 돌아서게 했다(왕상 11:3, 4, 9). 이리하여 솔로몬은 성전을 지었던 경험을 살려 이방 여인들이 섬기는 우상을 위해 신전을 건축하였다(왕상 11:7-8).

하나님은 솔로몬에게 나타나셔서 "다른 신을 따르지 말라"고 경고하셨다(왕상 11:10). 하지만 솔로몬은 하나님의 명령을 무시했다. 하나님은 솔로몬에게 진노하시며 나라가 분열될 것을 말씀하셨다(왕상 11:11). 솔로몬의 우상숭배가 나라가 분열되는 직접적인 원인이 되었다.

나라가 분열된 후 이스라엘은 처음부터 다른 신을 섬겼다. 여로보암이 금송아지를 만들어 숭배했기 때문이다. 이스라엘의 왕이 된 여로보암의 고민은 유다에는 예루살렘 성전이 있다는 사실이다. 여로보암은 백성들이 성전에 가서 예배를 드리고 유다 왕 르호보암에게 돌아갈 것을 염려한다(왕상 12:26-27). 여로보암은 실제 일어나지도 않은 일을 염려하여 유다와 같은 성전이 없다는 사실이 자신의 정치적 생명을 위협한다고 판단한다. 그는 예루살렘 성전의 라이벌 성소를 세운다. 금송아지를 만들어 벧엘과 단에 둔다. 이 라이벌 성소들은 신명기의 중앙 성소 법(신 12장)을 어기는 것이다. 더 나아가 여로보암은 다른 신을 섬기지 말라는 계명과 우상을 만들어 숭배하지 말라는 십계명의 1-2 계명을 어긴 것이다.

여로보암이 만든 금송아지는 여로보암 자신은 물론 이스라엘도 죄를 범하게 만들었다(왕상 14:16). 여로보암은 이스라엘의 왕들에게 나쁜 왕의 모델이다. 그는 "이스라엘에게 범죄하게 하였기" 때문이다(왕상 15:26, 30, 34; 16:26; 22:52; 왕하 3:3; 10:29, 31; 13:2, 6, 11; 14:24; 15:9, 18, 24, 28; 23:15). 여로보암 왕이 우상 숭배 정책을 펼치자 이스라엘이 따라가서 나라 전체가 하나님께 죄를 지었다.

이스라엘 왕들과 백성이 여로보암이 만든 금송아지를 숭배했다. 열왕기는 이스라엘의 왕들을 평가할 때, 여로보암의 길 또는 여로보암의 죄를 따라갔다고 기술한다. 여로보암의 나쁜 행실이 이스라엘의 왕들을 평가하는 기준이 된다. 19명 가운데 15명이 여로보암의 길 또는 여로보암의 죄를 따랐다고 평가한다. 열왕기는 이스라엘이 망한 이유로 명확하게 여로보암의 죄를 거론한다.

> 여로보암이 이스라엘을 몰아 여호와를 떠나고 큰 죄를 범하게 하매 이스라엘 자손이 여로보암이 행한 모든 죄를 따라 행하여 거기서 떠나지 아니하므로(개역 개정. 왕하 17:21-22).

여로보암을 따라갔던 이스라엘은 결국 하나님의 심판을 받아 앗수르에 의해 망했다. 이 외에도 이스라엘의 왕들은 다른 신을 섬겼다. 아히야 선지자는 여로보암 집에 대한 예언을 한 후에 이스라엘의 미래를 부정적으로 예언했다.

> 여호와께서 이스라엘을 쳐서 물에서 흔들리는 갈대 같이 되게 하시고 이스라엘을 그의 조상들에게 주신 이 좋은 땅에서 뽑아 그들을 강 너머로 흩으시리니 그들이 아세라 상을 만들어 여호와를 진노하게 하였음이니라(개역 개정, 왕상 14:15).

이스라엘이 좋은 땅인 가나안 땅에서 쫓겨나 유브라데 강 너머 포로로 잡혀갈 것이다. 이스라엘 나라가 망하고 포로로 잡혀가는 이유는 다른 신을 섬기며 언약을 어겼기 때문이다.

> 여호와께서 여로보암의 죄로 말미암아 이스라엘을 버리시리니 이는 그도 범죄하고 이스라엘로 범죄하게 하였음이니라(개역 개정. 왕상 14:16; 참고 신 4:25-28; 왕하 17:20-22).

여로보암이 아도나이를 등 뒤로 던지자(왕상 14:9) 아도나이께서도 여로보암의 집을 망하게 하시고 이스라엘을 버린다(왕상 14:16). 아히야 선지자는 이스라엘이 멸망하고 포로로 잡혀갈 것을 명확하게 했다. 이스라엘의 우상 숭배는 아합 왕 때에 극에 달한다. 갈멜산에서 엘리야 선지자와 대결할 때, 엘리야는 아합 왕에게 바알 선지자 450명과 아세라 선지자 400명을 모아 오라고 한다(왕상 18:19). 다른 신의 선지자 숫자는 이스라엘에 우상 숭배가 얼마나 심했는지를 선명하게 보여준다.

열왕기는 이스라엘이 망한 이유를 종교적인 면에서 길게 설명한다. 이스라엘을 이집트에서 해방하여 가나안 땅으로 인도하신 아도나이를 떠나 다른 신을 섬긴 것이 가장 큰 이유였다(왕하 17:7). 모세는 이스라엘이 요단을 건너 가나안 땅에서 살 때, 아도나이를 떠나 다른 신을 섬기면 망할 것이며 포로로 잡혀 갈 것을 예언했다(신 4:22-31; 28:36-37). 이스라엘의 패망은 언약의 성취이다. 언약의 저주가 임한 것이다(왕하 17:8, 15, 37-40).

유다 역시 우상 숭배에서 벗어나지 못했다. 유다의 왕들 가운데 므낫세는 가장 악한 왕으로 이름을 남긴다. 아버지 히스기야가 헐어버린 산당을 다시 세우고 바알을 섬기며 아세라 목상을 세운다. 므낫세는 선한 왕이었던 아버지 히스기야를 본받지 않고 악한 왕이었던 이스라엘의 아합을 본받았다. 므낫세는 예루살렘 성전에 제단들을 쌓고 성전의 두 마당에 하늘의 일월성신을 위한 제단을 쌓는다. 열왕기는 이런 므낫세의 행위를 이렇게 평가한다.

> 그의 아버지 히스기야가 헐어 버린 산당들을 다시 세우며 이스라엘의 왕 아합의 행위를 따라 바알을 위하여 제단을 쌓으며 아세라 목상을 만들며 하늘의 일월 성신을 경배하여 섬기며 여호와께서 전에 이르시기를 내가 내 이름을 예루살렘에 두리라 하신 여호와의 성전에 제단들을 쌓고(개역 개정, 왕하 21:3-4).

성전은 아도나이의 이름을 두는 곳이다. 하지만 므낫세는 아도나이의 이름이 있는 성전을 더럽혔다. 아도나이께서 머무시는 성소 앞에 다른 신들을 두지 말라는 계명을 무시한 것이다. 아세라 목상을 성전에 세웠다. 결국 유다 역시 바벨론에 망했다. 열왕기는 유다의 멸망은 하나님이 하신 일이라고 강조한다(왕하 24:2, 3, 13).[74]

유다의 마지막 선지자인 예레미야는 유다가 다른 신을 섬김으로 하나님과 맺은 언약을 깨뜨렸다고 선언한다.

> 그들이 내 말 듣기를 거절한 자기들의 선조의 죄악으로 돌아가서 다른 신들을 따라 섬겼은즉 이스라엘 집과 유다 집이 내가 그들의 조상들과 맺은 언약을 깨뜨렸도다(개역 개정, 렘 11:10).

이렇게 다른 신을 두지 말라는 일 계명은 이스라엘 역사를 평가할 근거가 된다. 이스라엘과 유다는 역사 속에서 다른 신을 섬김으로 망해서 다른 나라로 쫓겨갔다. 이래서 독일의 구약학자 슈미트는 제 일 계명의 독특성을 말하며 제 일 계명이 구약 신학의 중심이라고까지 주장했다.[75]

(2) 안식일[76]

안식일 계명은 고대 근동의 다른 나라들에서 찾아볼 수 없는 아주 독특한 말씀이다. 십계명은 출애굽기 20장 2-17절에 그리고 신명기 5장 6-21절에 두 번 나온다. 십계명의 두 본문을 비교해보면 차이가 나타나는데,[77] 가

---

[74] 솔로몬 이후의 설명은 김영욱, 『대망의 책』, 320-361에서 요약해서 가져와 수정 보완한 것이다.
[75] W. H. Schmidt, *Das erste Gebot. Seine Bedeutung für das Alte Testament* (Müunchen, 1969).
[76] 이 부분은 김영욱, "안식일 계명 비교 연구," 『신학 지남』 346 (2021), 25-46에서 가져와 수정 보완한 것이다.
[77] 십계명의 두 본문을 비교해보면 차이(2계명 - 출 20:4-6, 신 5:8-10; 4계명 - 출 20:8-11, 신

장 큰 차이는 안식일 계명에서 드러난다. 안식일을 지켜야 하는 이유에서 가장 큰 변화를 보인다(출 20:11; 신 5:15). 출애굽기는 안식일을 지키는 이유로 하나님의 창조 사건에 근거를 두고 있다(출 20:11). 하지만 신명기는 하나님께서 이스라엘을 이집트에서 구원하신 사건에 근거를 두고 있다(신 5:15). 안식일을 지키라고 하는 이유가 변한 것이다. 안식일 계명이 십계명에서 가장 길게 나온다는 사실을 고려해 보면 이 변화는 의미가 있다.[78]

이 변화에 의미가 있는 것은 십계명은 언약의 핵심이며 율법의 요약이기 때문이다. 언약이 구약에서 차지하는 위치와 중요성은 아무리 강조해도 지나치지 않을 것이다.[79] 시내산 언약의 내용은 율법으로 나타나는데, 이 율법의 핵심은 십계명이다. 십계명은 하나님이 직접 나타나셔서 직접 말씀해 주시고 직접 써 주셨다는 점에 매우 큰 의미가 있다. 하나님이 가장 길게 말씀하신 계명이 안식일 계명이다. 가장 많은 지면을 차지하는 안식일 계명을 지키라고 하는 이유가 변했다는 것은 중요한 신학적 의미를 담고 있다고 말하지 않을 수 없다.[80]

안식일 계명의 두 본문, 출애굽기 20장 8-11절과 신명기 5장 12-15절을 번역해 보면 다음과 같다.[81] 이 번역에 근거해서 두 본문 사이의 차이점을

5:12-15; 5계명 - 출 20:12, 신 5:16; 7계명 - 출 20:14, 신 5:18; 8계명 - 출 20:15, 신 5:19; 9계명 - 출 20:16, 신 5:20; 10계명 - 출 20:17, 신 5:21)를 보이는데 그 가운데 4계명과 10계명에서 큰 차이를 보인다. M. Weinfeld, *Deuteronomy 1-11*, 276-284; 빅터 해밀턴, 『출애굽기』, 박영호 역 (서울, 2017), 517-518을 보라.

[78] B. S. Childs, *Exodus* (London: SCM, 1982), 413. Labuschagne는 안식일 계명은 일곱 촛대 구조(menorah structuur)의 분석에서 십계명의 중심을 차지한다고 말한다. C. J. Labuschagne, *Deuteronomium Deel IB* (Nijkerk, 1987), 46.

[79] 언약 신학이 구약 신학에서 차지하는 위치에 관해서는 다음의 책을 참고하라. 게하르드 하젤, 『구약신학: 현대 논쟁의 기본 이슈들』, 김정우 역 (서울, 1993), 64-69, 169-170. 언약 신학이 구약의 중심이라고 주장하는 아이히로트의 주장에 대해서는 W. Eichrodt, *Theologische des Alten Testament Teil 1* (Stuttgart, 1968)과 W. Eichrodt, "Covenant," in *Old Testament Theology: Flowering and Future*, ed., B. C. Ollenburger (Indiana, 2004), 39-56을 참고하라.

[80] 차일즈는 다음과 같이 말한다. "The Deuteronomist's concern is not primarily humanitarian, but theological." B. S. Childs, *Exodus*. 417.

[81] 본문 비교를 위해서 C. McCarthy, *Deuteronomy, Biblia Hebraica Quinta 5* (Stuttgart,

살펴볼 것이다.

> 안식일을 거룩하게 기억하라(출 20:8).
> 안식일을 거룩하게 지켜라, 너의 하나님 아도나이께서 너에게 명령하셨던 대로(신 5:12).

십계명의 1-3계명은 부정적인 명령인 데 반하여 4계명은 긍정적인 명령으로 시작한다.[82] 먼저 출애굽기는 "기억하라"(זכור)인데[83] 반하여 신명기는 "지켜라(שמור)"[84]이다. 히브리어 단어는 서로 다르지만, 문법은 칼 부정사 절대형으로 같다. 하지만 이것은 명령형으로 번역할 수 있다.[85] 명령 "기억하라"와 "지켜라" 그리고 "너의 하나님 아도나이께서 너에게 명령하셨던 대로"가 보여주듯이 안식일 계명은 이스라엘이 이미 알고 있었다는 사실을 전제로 한다(창 2:1-3; 출 16:4, 28).[86] 안식일을 지키는 방법은 "거룩하게"가 잘 말해준다. 그리고 신명기에는 출애굽기에 없는 "너의 하나님 아도나이께서 너

2007), 19의 비평 장치를 참고하라. 쿰란 본문과 70인경 영어 번역을 위해서는 Jeffrey H. Tigay, "Conflation as a Redactional Technique," in *Empirical Models for Biblical Criticism* (Philadelphia, 1985), 55-58을 보라.

82 십계명은 안식일 계명과 부모 공경 계명만 긍정적으로 주어졌고 나머지는 "~하지 말라"는 부정적인 명령으로 주어졌다. 물론 안식일 계명은 긍정적인 명령과 함께 "아무 일도 하지 말라"는 부정적인 명령도 담고 있다(출 20:10).

83 사마리아 오경은 "지켜라"(שמור)이다. 개역 개정은 "안식일을 기억하여 거룩하게 지키라" 하고 번역했는데, "지키라"를 넣어주었다.

84 나쉬 파피루스는 "기억하라"이다. 개역 개정은 "안식일을 지켜 거룩하게 하라"로 번역했다.

85 70인경은 출애굽기의 "기억하라"(μνήσθητι)와 신명기의 "지켜라"(φύλαξαι) 모두 명령형으로 번역한다. 부정사를 명령으로 번역하는 것에 관하여는 다음 논문을 참고하라. J. D. W. Watts, "Infinitive Absolute as Imperative and the Interpretation of Ex. 20:8," *ZAW* 74 (1962), 141-45.

86 안식일은 창조 사건에 기인하지만, 안식일은 만나 사건으로 제도화되었다. 이스라엘이 출애굽을 하고 신 광야에서 양식이 없어서 원망했을 때, 하나님이 만나를 주셨다. 만나를 주시면서 육일째 되는 날에 갑절을 거두어 보관하라고 하셨다. 하나님은 이스라엘이 이 명령을 지키는지 지키지 않는지를 보셨다. 하나님은 이때, 이 명령을 "내 계명과 내 율법"이라고 하셨다(출 16:4, 28). 정경적 순서에 따르면 안식일 계명은 시내산에 도달하기 전에 주어진 법이다.

에게 명령하셨던 대로"을 갖고 있어서 신명기 본문이 더 길다.[87]

너는 육 일을 일할 것이며 너의 모든 일을 할 것이다(출 20:9).
너는 육 일을 일할 것이며 너의 모든 일을 할 것이다(신 5:13).

이 구절은 출애굽기와 신명기 본문이 일치한다. 이스라엘은 육 일동안 자유롭게 일할 수 있다. 칠 일 가운데 육 일동안 일상적인 "모든 일" 즉 생업에 관한 일을 할 수 있다. 여기서 우리는 안식일이 다른 육 일과 구별되는 날이라는 사실을 알 수 있다. 안식일은 노동에서 물러나는 날이다.

그리고 칠일은 너의 하나님 아도나이에게 안식이다, 너는 어떤 일도 해서는 안 된다. 너 그리고 너의 아들과 너의 딸 너의 남종과 너의 여종 그리고 너의 가축 그리고 너의 문들 안에 있는 너의 체류자(출 20:10).
그리고 칠일은 너의 하나님 아도나이에게 안식이다, 너는 어떤 일도 해서는 안 된다. 너 그리고 너의 아들과 너의 딸 그리고 너의 남종과 너의 여종 그리고 너의 소와 너의 당나귀 그리고 너의 모든 가축 그리고 너의 문들 안에 있는 너의 체류자, 너의 남종과 너의 여종이 쉬기 위하여, 너와 같이(신 5:14).

신명기의 본문이 출애굽기의 본문보다 더 길다. 우선 출애굽기에 나오지 않는 단어들은 "너의 딸" 뒤에 "그리고," "그리고 너의 소와 너의 당나귀," "모든," "너의 남종과 너의 여종이 쉬기 위하여 너와 같이"이다. 나머지는 두 본문이 같다. 여기서도 신명기의 본문이 더 길고 자세하다는 사실을 알 수 있다.

안식일은 아도나이께 속한 날로 선언된다. "아도나이에게"(ליהוה)는 '아

---

[87] 나쉬 파피루스와 쿰란 사본(4QPhylg)에는 "너의 하나님 아도나이께서 너에게 명령하셨던 대로"가 없다.

도나이를 위하여,' '아도나이의'로 번역할 수 있다. 안식일은 아도나이께 속한 날로 아도나이께서 주인이시다. 그리고 흥미로운 것은 일주일의 시간은 제칠 일을 향해 나아가는데, 그 칠일의 주인은 아도나이이다(참고 마 12:8). 아도나이께서 시간의 목적지이다.

안식일을 "거룩하게" 지키는 방법을 구체적으로 설명한다. 일하지 않는 것이다. 육 일동안은 "모든 일"을 할 수 있지만 칠 일에는 "어떤 일도" 할 수 없다. 육 일과 칠 일이 큰 대조를 보인다. 일하지 않음으로 안식일을 지키며 기억하는 것이다. 안식일을 지켜야 하는 사람을 구체적으로 설명하는데, 자녀들, 종들과 체류자 그리고 가축들도 안식에 참여해야 한다. 일로부터 물러나 쉬는 것이다.

> 왜냐하면 아도나이께서 육 일에 하늘과 땅과 바다와 그것들 안에 있는 모든 것을 만드셨고 칠 일에 쉬셨기 때문이다. 그러므로 아도나이께서 안식일을 복 주셨고 그것을 거룩하게 하셨다(출 20:11).
>
> 그리고 너는 네가 이집트의 땅에서 종이었다. 그리고 아도나이 너의 하나님이 거기에서 강한 손과 뻗은 팔로 너를 데리고 나왔다는 것을 기억해야 한다. 그러므로 아도나이 너의 하나님이 그에게 그 안식일을 지키도록 명령했다(신 5:15).

안식일 계명에서 가장 큰 차이를 보이는 구절이다. 안식일을 지켜야 하는 이유를 말하는데 출애굽기와 신명기는 서로 완전히 다르다. 먼저 출애굽기는 접속사 "왜냐하면"로 시작하여 안식일을 지켜야 하는 이유를 설명한다. 하나님께서 육 일동안 하늘과 땅을 만드시고 난 후에 쉬셨기 때문에 이스라엘 역시 안식일을 지켜야 한다고 말한다. 하나님께서 천지를 창조하신 것에 근거해서 안식일을 기억해야 한다고 하신다. 하나님이 창조주이다. 그 후에 하나님이 안식일에 특별히 복을 주시고 거룩하게 하셨다고 말한다. 안식일은 복을 받은 날이며 거룩한 날이다.

여기에 반하여 신명기는 이스라엘이 이집트 땅에 있었던 상태, 노예의 신분을 말한다. 이스라엘은 이집트에서 노예로 고난을 받고 있었다. 하나님이 그들을 이집트에서 데리고 나오셨다. 하나님이 노예 상태로 있던 이스라엘을 구원하신 것이다. 하나님이 구원자이다.[88] 신명기는 구원의 사실을 "기억"하라고 한다.[89] 이스라엘이 국가적으로 구원받은 사건을 잊지 말고 기억하라는 것이다. 출애굽의 구원 사건에 근거해서 안식일을 지키라고 명령하고 있다.

위에서 우리는 안식일 계명의 본문을 서로 비교해보았다. 가장 큰 차이는 역시 안식일을 지키라는 근거에서 나타나고 있다. 그렇다면 왜 이런 큰 차이를 보이는가 하는 것이다. 이 질문에 대해서 두 가지로, 역사적으로 그리고 신학적으로 생각해 볼 수 있다.

역사적인 상황을 다음 세 가지 점에서 살펴볼 수 있다. 첫째로 우리는 역사적 상황이 다르다는 점을 지적할 수 있다. 정경적 순서인 출애굽기에 따르면 이스라엘이 출애굽을 한 후에 시내산으로 나아갔다.[90] 시내산에서 하나님께서 직접 나타나셔서 십계명을 말씀하셨다. 하지만 신명기에 따르면 상황이 다르다. 이스라엘이 오랜 세월 광야를 방랑한 후에 요단 동편의 땅을 정복하였다.[91] 이스라엘은 요단강을 건너 가나안 땅을 정복하려고 하지만 모세는 그곳으로 건너가지 못한다. 그래서 모세가 율법을 다시 설명해주고 있다. 신명기는 이스라엘이 출애굽한 지 사십 년이 지난 후이다.

둘째로 지적할 수 있는 것은 십계명을 주는 분이 누구인가 하는 것이다. 출애굽기에 따르면 하나님이 직접 시내산에 나타나셔서[92] 직접 십계명을 말

---

88 C. Houtman, *Exodus Deel 3* (Kampen, 1995), 52-53을 참고하라.
89 동사 "기억해야 한다"(신 5:15)는 출애굽기에서 "기억하라"로 나왔다(20:8). 같은 단어이다.
90 이스라엘이 시내산으로 간 때는 이집트에서 나온 지 셋째 달이다(출 19:1).
91 이스라엘이 요단 동편 모압 땅에 있을 때는 헤스본의 왕 시혼과 바산 왕 옥을 쳐서 멸한 후이다. 이때는 "마흔째 해 열한째 달 그달 첫째 날"이다(신 1:3-4; 4:46-47).
92 하나님이 시내산에 신현하실 때에 우레, 번개, 빽빽한 구름, 나팔 소리, 연기, 불이 나타났다(출 19:16-19).

쏨하셨다. 하지만 신명기에 따르면 모세는 가나안 땅에 들어가지 못하기 때문에 과거의 시내산 사건을 회고하면서[93] 십계명을 말하고 있다. 신명기는 모세를 통하여 다시 주어지는 십계명을 말하고 있다.[94]

셋째로 지적할 수 있는 것은 십계명을 듣는 청중이다. 출애굽기에 따르면 "이스라엘 자손이 애굽 땅을 떠난 지 삼 개월"로 나온다(출 19:1). 여기서 "이스라엘 자손"은 출애굽을 한 이스라엘 백성이다. 이집트에서 열 재앙을 겪고 홍해 바다에서의 놀라운 기적을 체험한 세대이다. 하지만 신명기에 따르면 오랜 세월이 지난 후이다.

> 마흔째 해 열한째 달 그 달 첫째 날에 모세가 이스라엘 자손에게 여호와께서 그들을 위하여 자기에게 주신 명령을 다 알렸으나(신 1:3).

여기서 말하는 "이스라엘 자손"은 사십 년이 지난 후의 이스라엘 백성이다. 가데스 바네아에서 이십 세 미만의 사람들과[95] 광야 사십 년 동안 새롭게 태어난 사람들이다. 즉 십계명을 듣는 사람들이 다르다는 사실이다. 시내산에서 출애굽 세대의 사람들이 십계명을 듣고 있었던 반면에 모압 땅에서는 출애굽 후세대 사람들이 십계명을 듣고 있다. 이런 역사적인 상황을 비교해보면 신명기에 수록된 십계명이 더 늦게 나왔다는 사실을 알 수 있다.[96]

---

[93] 모세는 하나님이 시내산에서 현현하실 때 불, 어둠, 구름, 흑암이 나타났다고 말한다. 모세는 신현의 현상으로 "불"을 강조하는데, 특히 하나님을 "불 가운데서" 말씀하신 분으로 설명한다(신 4:11, 12, 15, 24, 33, 36; 5:4, 5, 22, 23, 24, 25, 26).

[94] 제 일 계명은 "나 외에는" 하고 주어가 일인칭 단수 "나"로 말한다(십계명의 서론 역시 "나는" 하고 나온다). 여기서 "나"는 의심할 여지 없이 하나님을 의미한다. 신명기의 십계명은 모세를 통하여 회고 형식으로 주어지고 있다.

[95] 하나님은 가데스 바네아에서 가나안 땅을 정복하라고 하셨다. 하지만 이스라엘은 불순종하여 정복하러 올라가지 않았다. 이 반역 사건으로 인하여 출애굽 세대는 사십 년 동안 광야를 방랑하다가 죽을 것이라는 심판이 내려졌다. 하나님은 이때 만 이십 세 미만의 사람들은 가나안 땅에 들어갈 것을 선언하셨다(민 14:26-35).

[96] 출애굽기의 안식일 계명이 신명기의 안식일 계명보다 더 오래된 것이라는 견해는 편집 비평적으로 신명기를 연구하는 베이욜라에게서도 볼 수 있다. T. Veijola, 『신명기』, 원진희 역 (서울,

그래서 신명기에 나오는 십계명이 더 길게 나오는 모습을 위에서 볼 수 있었다.

출애굽 세대와 출애굽 후세대가 처한 역사적 상황이 서로 다르다. 모세는 가나안 땅에 들어가지 못하기 때문에 요단강을 건너 가나안 땅을 정복하러 가는 출애굽 후세대에게 율법을 다시 설명해 준다. 이것이 신명기이다.[97] 십계명은 율법의 핵심이며 언약의 내용이기 때문에 반복되었다. 하지만 모세는 기계처럼 십계명을 그대로 반복하지 않고 안식일 계명을 지켜야 하는 이유를 출애굽기와 달리 설명하였다. 특이하게도 모세는 신명기에서 과거의 시내산 언약의 핵심인 십계명을 말하면서 하나님이 시내산 언약을 조상들과 맺지 않고 여기 살아 있는 출애굽 후세대와 맺었다고 선언한다. 여기서 십계명이 현재화되고 있는 것을 볼 수 있다.

> 아도나이 우리의 하나님이 우리와 호렙에서 언약을 맺었다. 아도나이께서 우리의 조상들과 이 언약을 맺지 않았다. 그러나 우리와, 우리, 이들, 오늘 여기에 살아 있는 우리 모두와(신 5:2-3).

흥미롭게도 모세는 출애굽 후세대에게 하나님이 "우리와 호렙에서 언약을 맺었다"고 선언한다. 일인칭 복수 "우리"가 강조되는데, "우리"는 "오늘 여기에 살아 있는 우리"로 다시 설명된다. 즉 지금 모압 땅에서 모세의 설교를 듣고 있는 출애굽 후세대를 의미한다. 이들은 가데스 바네아에서 이스라엘이 하나님의 명령에 반역할 때, 이십 세 미만이거나 광야에서 새로 태어난 사람들이다. 모세는 호렙에서 "우리의 조상들" 즉 출애굽 세대와 언약을

2010), 292-293을 참고해 보라. 두 본문 사이의 역사 비평학적 연구 개요를 위해서 Thomas B. Dozeman, *Exodus* (Michigan, 2009), 469-472를 보라.

[97] 이래서 70인경은 신명기를 "두 번째 법" 또는 "법의 반복"(τὸ δευτερονόμιον)으로 이해한다(신 17:18).

맺지 않았다고 선언한다.[98] 이 점에 주목해야 하는데, 모세는 지금 호렙산 언약을 출애굽 후 세대에게 적용하고 있다는 사실이다. 과거의 역사를 현재화시키고 있다. 모세는 호렙산에서 출애굽 세대와 맺은 언약을 출애굽 후 세대에게 현재화시키면서 십계명을 다시 말하고 있다. 이래서 언약의 핵심인 십계명이 신명기 5장 2-3절 후에 6-21절에 나온다.

안식일, 언약의 표징

출애굽 세대와 출애굽 후세대가 처한 역사적 상황이 다르기 때문에 모세는 모압 땅에서 십계명을 다시 설명하면서 안식일 계명을 지켜야 하는 이유를 말한다. 출애굽기는 창조에 근거해서 그리고 신명기는 출애굽 구원에 근거해서 말한다.[99] 과거를 역사적으로 현재화를 시키는 것이다. 이러한 해석은 당연히 신학적 이유를 수반한다.

안식일 준수의 차이를 설명하기 위해서는 우선 안식일 계명이 십계명에서 차지하는 위치를 논해야 한다. 안식일을 지키라는 명령은 출애굽기 31장 12-17절에 또 나온다. 여기서 "너희는 나의 안식일을 시키라"(13), "너희는 안식일을 지킬지니"(14), "안식일을 지켜서"(16) 하고 세 번 나온다. 여기서 "지키다(שמר),"는 출애굽기의 "기억하다"(זכר)와는(출 20:8) 다른 동사이지만 신명기와는 같은 동사(שמר)이다(신 5:12). 여기서 안식일을 "나의 안식일"로 하나님께 속한 날로 말하면서 안식일을 "너희 대대의 표징"(13), "대대로 영원한 언약"(16) 그리고 "대대로 영원한 표징"(17)이라고 설명한다. 그리고 안식일을 지켜야 하는 이유와 동기를 창조로 말한다(17).

여기서 우리는 안식일을 언약(ברית)이라고 규정한 것에 주목해야 한다.

---

[98] Tigay는 "우리의 조상들"을 아브라함, 이삭, 야곱으로 해석한다. Jeffrey H. Tigay, *Deuteronomy*, 61.

[99] 여기에 대해서 해밀턴은 "신명기는 한 백성의 창조에 관심이 있으며 출애굽기는 세상의 창조에 관심이 있다,"고 말한다. V. Hamilton, 『오경 개론』, 255. Tigay는 "출애굽기는 안식일의 기원을 설명하는 데 반하여 신명기는 안식일의 목적을 설명하고 안식일 준수를 위한 동기를 부여한다,"고 말한다. Jeffrey H. Tigay, *Deuteronomy*, 69.

안식일은 십계명에 포함되어 있지만 직접적으로 언약이라고 부른다. 사실 십계명은 열 개의 말씀들로 "언약의 말씀"이다(출 34:28).[100] 십계명을 언약이라고 부르는 것은 다른 곳에서도 찾아볼 수 있다(신 4:13). 그래서 십계명의 두 돌 판을 보관하고 있는 궤를 "언약 궤"(신 10:8; 31:25) 또는 "증거 궤"(출 25:22; 40:5)로 부른다. 십계명은 언약이다. 십계명 중에서 가장 긴 계명은 안식일 계명이다. 가장 길다는 것은 중요성을 강조한다는 의미가 있다. 이래서 안식일을 언약이라고 부르는 것이다.

더 나아가 안식일은 "표징"(אות)이라고 부른다. "표징"은 '표시,' '증표,' '표'을 의미한다.[101] 안식일이 하나님과 이스라엘 사이의 표징이다. 하나님은 안식일에 일하지 말라고 하신다. 육 일동안은 아무 일이나 할 수 있지만, 칠일에는 그 어떤 일도 할 수 없다. 일을 하는 사람은 사형에 처해 진다. 이스라엘의 모든 백성이 일하지 않고 쉬고 있다. 이스라엘 사람들이 일하지 않고 쉬고 있는 것을 서로 눈으로 볼 수 있는 것으로 하나님과 맺은 언약을 기억할 수 있는 표이다. 더 나아가 안식일은 칠일마다 주기적으로 지켜야 한다. 이것은 모든 이스라엘 백성이 지키기 때문에 사회적, 국가적인 제도이다. 언약은 하나님과 이스라엘 사이에 맺었다. 언약을 통해서 하나님은 이스라엘의 하나님 아도나이가 되고 이스라엘은 하나님의 백성이 되었다.[102] 이래서 안식일은 하나님과 이스라엘 사이의 "영원한 언약"이며 "영원한 표징"이다(출 31:16-17).[103]

---

[100] 히브리어는 '언약의 말씀들'로 복수이다.

[101] *THAT* I, 91-95.

[102] 이것을 언약 공식이라고 부른다. 언약 공식에 대해서는 다음 책을 참고하라. R. Rendtorff, *Die Bundesformel. Eine exegetisch-theologische Untersuchung* (Stuttgart, 1995).

[103] 안식일이 시내산 언약의 표징으로 주어진 것과 유사한 경우는 노아 언약과 아브라함 언약이다. 하나님이 노아와 언약을 세우시고 무지개를 "그 언약의 표징"으로 주셨다(개역 개정 "언약의 증거" 창 9:12, 13, 17). 또한 하나님은 아브라함과 언약을 맺으시고 아브라함에게 할례를 "언약의 표징"으로 주셨다(창 17:11). 무지개와 할례는 눈으로 볼 수 있는 표시였다.

두 언약, 언약의 갱신

위에서 십계명을, 특별히 그 가운데 안식일을 언약이라고 부르는 것을 살펴보았다. 그런데 안식일이 표징이 되는 언약은 시내산 언약과 모압 언약으로 두 번 나온다. 이래서 십계명이 두 번 나오는 것이다. 이스라엘이 이집트에서 구원을 받은 후에 시내산으로 갔다. 거기서 하나님은 이스라엘에게 언약을 제안하신다.

> 너희가 내 말을 잘 듣고 내 언약을 지키면 너희는 모든 민족 중에서 내 소유가 되겠고 너희가 내게 대하여 제사장 나라가 되며 거룩한 백성이 되리라 (출 19:5-6).

이스라엘은 이 제안을 받아들이기로 동의한 후에 시내산 언약을 맺었다.[104] 하나님은 언약을 맺기 전에 시내산에서 이스라엘에게 나타나신다. 하나님이 직접 온 이스라엘 백성에게 나타나신 웅장한 신현 사건이다.[105] 그 후에 십계명을 말씀하시고(출 20:1-17) 여러 가지 법을, 소위 언약의 책으로 불리는 법을 말씀하신다(출 21:1-23:33). 그 후에 시내산 언약을 세우신다(출 24:1-11). 이 언약에는 장엄한 의식이 나타나는데, 모세가 모든 말씀을 전하자 백성이 동의한다. 이스라엘이 제단을 쌓고 열두 기둥을 세운다. 이스라엘 청년들이 번제와 화목제를 드린다. 모세가 "언약의 피"를 반은 제단에 뿌리고 반은 백성에게 뿌린다.[106] 이때 모세는 "언약서"(언약의 책)을 백성 앞에

---

[104] 시내산 언약의 특징 가운데 하나가 바로 백성의 동의이다. 이 동의는 시내산 언약에서 세 번이나 나온다(출 19:8; 24:3, 7). 노아 언약이나 아브라함 언약 그리고 다윗 언약에는 이런 동의가 나오지 않는다. 시내산 언약의 특징에 대해서는 김영욱, "토라와 샬롬 - 신명기를 중심으로," 『신학지남』 320 (2014), 137을 보라.
[105] 시내산의 신현 사건은 이스라엘의 온 백성에게 나타난 사건이다. 구약에서 이와 견줄 수 있는 신현 사건은 에스겔 선지자가 본 환상이다. 에스겔의 신현 사건은 시내산의 신현 사건보다 아도나이의 영광의 모습이 더 자세하게 나타난다(겔 1장). 하지만 에스겔의 신현 사건은 에스겔 선지자 개인에게 나타난 사건이라는 점에서 시내산의 신현 사건과 차이가 있다.
[106] 언약의 피를 왜 반은 제단에 뿌리고 반은 백성에게 뿌렸는지에 대해서 다양한 의견이 있다.

서 낭독한다. 백성은 그것을 듣고 하나님의 모든 말씀을 다 준행할 것을 서 약한다. 그 후에 모세와 아론, 나답과 아비후 그리고 칠십인 장로들이 하나 님을 보고 먹고 마신다. 언약의 식사를 한 것이다. 이것이 시내산 언약이다 (출 24:3-11).

시내산 언약은 하나님이 출애굽 세대와 맺은 언약이다. 그러나 불행하게 도 이들은 가데스 바네아에서 하나님께 반역했다. 가나안 땅을 정복하라는 하나님의 말씀에 불순종한 것이다. 그 결과 출애굽 세대는 가나안 땅에 들 어가지 못하고 심판을 받는다. 이스라엘은 광야에서 유랑하다가 다 죽었고 새로운 세대 즉 출애굽 후세대가 자라났다. 이들이 요단 동편의 땅을 정복 하고 요단을 건너 가나안 땅을 점령하려고 한다. 그런데 모세는 그 땅에 들 어가지 못한다. 그래서 모세가 다시 율법을 설명해 주고 이들과 언약을 맺 는다. 이것이 모압 언약이다.

모세는 모압 땅에서 율법을 다시 설명해 주었다. 과거 출애굽 세대와 맺 었던 시내산 언약을 현재화시켜서 출애굽 후 세대에게 적용해서 말해주었 다. 언약의 내용인 십계명을 다시 설명해 주었다. 그런데 모세는 안식일 계 명을 지켜야 하는 이유를 달리 말한다. 그리고 출애굽 후세대와 언약을 맺 었다. 모압 언약은 시내산 언약과 다른 방식으로 세워졌다. 모압 언약에 는 시내산 언약과 같은 장엄한 의식이 나오지 않는다. 맹세로 맺었으며(신 29:12) 언약의 파트너가 누구인지 아주 자세하게 말한다(신 29:10-11). 모압 언

Kutsch는 이 피를 "의무의 피"로 말하며 이스라엘이 아도나이의 말씀을 지키지 않으면 피 를 흘려야 한다고 주장한다. E. Kutsch, "Das sog. 'Bundesblut' in Ex xxiv 8 und Sach ix 11," *VT* 23 (1973), 25-30. Dozeman은 이 피는 "정결 의식"으로서 기능한다고 말한다. Th. Dozeman, *God on the Mountain* (Atlanta, 1989), 112. Nicholson은 피는 거룩하고 피 뿌 림은 이스라엘을 아도나이의 거룩한 백성으로 구별된 것이라고 주장한다. E. Nicholson, *God and His People: Covenant and Theology in the Old Testament* (Oxford, 1986), 172. Houtman은 피로 인한 아도나이와 백성의 결속력을 말한다. C. Houtman, *Exodus Deel 3*, 285. 이와 비슷한 의견으로 Schmidt 역시 하나님과 이스라엘이 피로 결속되었다고 말한다. W. Schmidt, *Exodus, Sinai und Mose*, (Darmstadt, 1983), 89. 피는 언약의 피로서 이 언약을 지 키지 않을 때 피를 흘리며 죽을 것을 말하며 제단과 백성에게 뿌린 것은 정결하게 하는 의미가 있다. 피로서 하나님과 백성을 언약 관계로 결속시키는 것이다.

약의 특징은 출애굽 후세대만이 아니라 미래 세대까지 포함하는 것이다. 앞으로 오고 오는 모든 세대도 이 모압 언약에 적용되는 것이다(신 29:10-15). 이 점이 가장 특이하다. 가나안 땅에서 미래 이스라엘의 모든 세대는 이제 언약을 갱신할 필요가 없어졌다.

여기서 우리는 두 언약 사이의 관계를 잘 이해해야 한다. 모압 언약은 시내산 언약의 갱신이다. 새롭게 하는 것이다. 이래서 모압 언약은 시내산 언약의 십계명을 담고 있으면서 동시에 안식일을 지켜야 하는 이유를 새롭게 정한 것이다. 새롭게 되었지만 그 의미는 상호 보완적이다. 출애굽기는 하나님이 만물을 창조하시고 일에서 물러나 쉬셨다. 신명기는 하나님이 이스라엘을 출애굽 하신 것을 기억해야 한다. 왜냐하면 이스라엘은 이집트에서 노예로서 중노동에 시달리고 있었다. 무거운 노동에서 하나님이 이스라엘을 구원하셨다. 일에서 해방하여 준 것이다. 중 노동에서 물러나 쉬라고 한 것이다. 이런 점에서 시내산 언약과 모압 언약의 안식일 계명은 서로 다른 것이 아니라 상호 보완적이다.

그럼에도 불구하고 변화된 것에 주목해야 한다. 다른 계명들은 크게 변하지 않았는데 유독 안식일 계명만 크게 변했다. 시내산 언약이 모압 언약으로 갱신되면서 구약의 언약이 변할 수 있다는 사실을 암시하기 때문이다. 언약의 표징인 안식일 계명이 모압 언약에서 가장 많이 갱신되었다.

새 언약

예수 그리스도께서 이 땅에 오셔서 새 언약을 맺음으로 시대가 변한다. 옛 언약의 시대가 끝이 나고[107] 새 언약의 시대가 시작되었다. 예수 그리스도는 마지막 만찬을 드시면서 새 언약을 제정하셨다. 포도주잔을 제자들에게 주시면서 "내 피로 세우는 새 언약"(ἡ καινὴ διαθήκη ἐν τῷ αἵματί μου)이라고 말

---

[107] 선지자 예레미야는 유다의 멸망을 예언하고 시내산 언약 즉 옛 언약이 파기되었다는 사실을 명확하게 한다(렘 11:10; 31:32).

씀하셨다(눅 22:20). 이 사건을 마태는 "이것은 죄 사함을 얻게 하려고 많은 사람을 위하여 흘리는바 나의 피 곧 언약의 피니라" 하고 설명한다(마 26:28). 여기서 "나의 피 곧 언약의 피"는 '언약의 나의 피'(τὸ αἷμά μου τῆς διαθήκης)이다. 예수는 "나의 피"를 새 언약의 피로 선언하신다. 언약의 피는 시내산 언약에서 나왔었다(출 24:8).[108] 마태는 이 용어를 사용함으로써 예수께서 제정하신 성찬식을 새 언약으로 설명한다. 옛 언약을 대체하는 새 언약이라는 것이다.[109]

성만찬에서 예수는 떡과 포도주로서 자신의 죽음을 예고해 주셨다. 새 언약은 예수께서 십자가의 죽음으로 세운 언약이라는 것이다. 그리고 예수는 삼일에 다시 살아나셨다. 예수께서 부활하신 날이 안식 후 첫날이다. 기독교가 예수의 부활을 기념하여 지키는 주일이다. 신약 시대에는 안식일이 주일로 변한다. 흥미롭게도 날이 변했다. 예수의 죽음과 부활로 인하여 시내산 언약의 표징인 안식일이 무효화 되면서 주일로 바뀐 것이다. 신약의 성도들은 예수의 십자가와 부활을 믿음으로 진정한 구원을 받으며 영혼의 안식을 누린다. 더 나아가 하나님 나라에서 누릴 영원한 안식을 바라본다(히 4:1-11). 이 땅에서 죄와 사망 그리고 영원한 심판으로부터 구원을 받은 사람들은 진정한 쉼 곧 영원한 안식을 사모하는 것이다.

구약을 대표하는 언약은 시내산 언약이다. 이 언약은 다시 모압 언약으로 갱신된다. 그런데 흥미롭게도 안식일 계명이 크게 변한다. 안식일을 지키는 제도적, 의식적, 사회적 그리고 국가적인 모습은 그대로이지만 안식일을 지켜야 하는 동기와 이유가 바뀌었다. 창조에서 구원으로 나아간 것이다. 이 점은 무언가를 암시하고 있다. 안식일이 변할 것이라는 사실을 은연중에 보여주는 것이다. 옛 언약의 표징이었던 안식일은 예수 그리스도께서 이 땅에 오심으로 주일로 변한다. 예수 그리스도께서 십자가로 새 언약을 제정하신

---

108 시내산 언약은 짐승의 피로 세웠지만, 새 언약은 예수 그리스도의 피로 세운 것이다.
109 히브리서 저자는 이것을 확실하게 말한다. "새 언약이라 말씀하셨으매 첫 것은 낡아지게 하신 것이니 낡아지고 쇠하는 것은 없어져 가는 것이니라"(히 8:13).

다. 하나님은 예수의 십자가와 부활을 믿는 사람들을 새롭게 창조하신다. 그들에게 죄와 사망과 심판으로부터 진정한 해방과 자유를 주신다. 더 나아가 이들에게 하나님 나라의 안식을 약속하신다. 이 땅의 노동으로부터 물러나 쉬는 진정한 안식을 주실 것을 보증하신다. 구약에서 안식일을 지켜야 할 이유와 동기는 창조와 구원이었는데, 이 창조와 구원이 예수 그리스도 안에서 진정으로 이루어진 것이다.

07
유일신

구약은 하나님의 이름을 두 개로 말한다. 첫째, 하나님(엘로힘, אלהים)은 복수로 '신들'이다. 이 단어는 이방 나라의 신을 가리키는 "다른 신"(אחרים אלהים)에서도 사용되었다(참고 십계명의 일 계명). 영어 성경을 보면 이 단어 '엘로힘'은 이스라엘의 하나님을 지칭할 때는 대문자 단수(God)로 번역하고 이방 신을 지칭할 때는 소문자 복수(gods)로 쓴다. 둘째, 이스라엘의 고유한 하나님의 이름은 아도나이(יהוה)이다. 하나님은 아브라함에게 나타나서 자신의 이름을 "나는 아도나이이다"(אני יהוה)로 소개하셨고(창 15:7) 시내산에 현현하셔서 십계명을 선포하실 때도 하나님의 이름을 "나는 아도나이 너의 하나님이다"로 말씀하셨다(신 5:6). 이 아도나이(יהוה)는 네 자음문자(Tetragrammaton)로 불린다. 모음이 없이 네 개의 자음으로 구성된 이름이기 때문이다. 사실 이 네 자음문자의 모음은 소실되어 알 수 없다.[110] 아도나이로 읽는 것도 유대인들이 거룩한 이스라엘의 하나님의 이름 יהוה가 나오면

---

[110] 고대 히브리어는 모음을 찍지 않았다. 쿰란 사본이나 사마리아 오경의 사본은 모음이 없이 자음만 나온다. 여기에 모음을 찍은 사람들을 마소라 학자 또는 마소라 학파로 부른다. 지금 인쇄되어 사용하는 히브리어 성경(BHS)의 사본이 마소라 사본(레닌그라덴시스 B19A 사본)이다. 이 사본은 마소라 학파의 아론 벤 모세 벤 아세르에 의해 AD 1008년에 만들어졌다. 상당히 늦게 나온 사본이다.

아도나이로 읽었다. 유대인들의 전통을 따라 아도나이로 읽기 때문이다. 사실 아도나이는 다른 단어(אדוני)로 '주'라는 뜻이다. 그래서 헬라어 구약 성경인 70인경(LXX)은 '주'(κύριος)로 번역했다.[111] 학자들이 야훼 또는 야웨로 읽기도 하는데 정확한 음역은 아니고 추정이다. 이사야서 사해 사본은 יהוה 위에 אדוני를 써 놓았는데 아도나이로 읽으라는 의미이다. 이것은 마소라의 모음 기호가 생기기 이전에 사용했던 방법이다. 마소라 사본은 본문(케티브)에 יהוה로 기록되어 있어도 본문 여백에 אדוני로 써놓아 아도나이로 읽으라(케레)고 권한다.[112] 그런데 이 이름 יהוה가 하도 많이 나오니까 본문 여백에 אדוני를 일일이 다 기록하지 않았다. 이것을 케레 퍼펙툼(Qere Perpetuum)이라고 한다. 유대인들은 이스라엘의 거룩한 하나님의 이름이 나오면 자동으로 아도나이로 읽는다. 우리 성경은 여호와로 음역을 했는데 사실 틀린 음역이다. 아마 옛 영어 음역 Jehovah에서(YLT) 온 것이다. 이런 음역이 나온 것은 아도나이의 모음을 יהוה에 대입해서 나온 것이다. 현대 독일어나 네덜란드어 번역은 יהוה를 대문자 HERR 또는 HERE로 번역한다. 영어 역시 대문자 ADONAI 또는 LORD로 번역한다. 학자들은 YHWH 또는 JHWH로 번역하고 아도나이로 읽는다. 필자는 유대인의 전통을 따라 아도나이로 음역했다.

신명기는 독특하게 하나님의 두 이름이 함께 나오는 경우가 많다. 십계명의 일 계명을 예로 들 수 있다.

나는 이집트의 땅에서, 노예의 집에서 너를 데리고 온 아도나이 너의 하나님이다(신 5:6).

---

[111] 70인경은 사실 한 명의 번역자가 번역한 것이 아니어서 번역한 구절에 따라 다르다. 창세기 15장 7절의 "나는 아도나이이다"(אני יהוה)의 70인경은 "나는 하나님이다"(ἐγὼ ὁ θεός)이다. 신명기 5장 6절의 "나는 아도나이 너의 하나님이다"의 70인경 번역은 "나는 너의 하나님 주이다"(ἐγὼ κύριος ὁ θεός σου)이다.
[112] 마소라 사본 가운데에는 성경 본문이 있고 위아래의 여백은 대 마소라(Masorah Magna, Mm) 그리고 양옆의 여백은 소 마소라(Masorah Parva, Mp)로 부른다.

하나님은 자신을 "나는 아도나이 너의 하나님이다"(אנכי יהוה אלהיך)로 소개하신다. 흥미롭게도 "아도나이 너의 하나님"은 신명기에 229회나 나온다. 이외에도 "아도나이 너희의 하나님"은 45회 그리고 "아도나이 우리의 하나님"은 23회 사용되었다. 이 명칭은 구약의 다른 책에서도 나오지만 "아도나이 너의 하나님"은 신명기에서 월등히 많이 나온다. 인칭 대명사 소유격 '너의,' '너희의,' 그리고 '우리의'는 하나님과 이스라엘 사이의 친밀한 관계를 보여준다. 이스라엘의 하나님 아도나이는 '우리의' 그리고 '너희의'가 보여주는 이스라엘 공동체와 긴밀한 관계가 있을 뿐 아니라 이스라엘 공동체에 속한 개인 '너의'와도 밀접한 관련이 있다.

1. 유일신론[113]

하나님의 명칭이 보여주듯이 아도나이와 이스라엘은 긴밀한 관계를 맺고 있다. 모세는 이스라엘에게 이스라엘의 하나님 아도나이는 한 분이시며 이스라엘은 그를 사랑해야 한다고 명령한다. 먼저 모세는 명령형 "들으라"(쉐마)로 시작한다.

들으라, 이스라엘아 아도나이 우리의 하나님은 한 아도나이이다(신 6:4).

"들으라 이스라엘아"로 시작하는 이 문장은 이스라엘의 하나님이 한 분이라는 사실을 선언한다. 히브리어로 보면 이 문장(יהוה אלהינו יהוה אחד)은 동사가 나오지 않는다. 문자적인 번역은 '아도나이 우리의 하나님 아도나이 하나'이다. 여기에 동사 '~이다'를 넣어주면 된다. 그런데 어디에 동사를 넣어줄 것이냐에 따라서 이 문장은 다양하게 번역할 수 있다.

---

113 이 부분은 김영욱, 『신명기 I』, 406-415에서 가져와 수정하고 보완한 것이다.

1) 아도나이는 우리의 하나님이다, 아도나이는 하나이다.[114]
2) 아도나이는 우리의 하나님, 유일하신 아도나이이다.[115]
3) 우리의 하나님은 아도나이, 홀로 아도나이이다.[116]
4) 아도나이 우리의 하나님은 한 아도나이이다.[117]

이외에도 여러 번역이 있다. 위의 번역 가운데 2번과 4번이 가장 많은 지지를 받는다. 4번의 번역이 가장 무난하다. 여기서 중요한 표현은 '한' 또는 '유일한'(אחד)이다. 하나님을 한 분으로 설명하기 때문이다. 하나님의 독특성과 유일성을 말한다. 고대 근동의 신론이 다신론인 것에 비춰보면 유일신론은 아주 특이하다. 이래서 드라이버는 이 본문을 "유일신론의 위대한 선언"으로 부른다.[118] 다른 신과 비교할 수 없는 신이라는 의미이다. 모세는 이스라엘의 하나님 아도나이는 한 분이라고 선언한 후에 이스라엘이 취해야 할 태도를 말한다.

그리고 너는 아도나이 너의 하나님을 사랑해야 한다,
온 너의 마음으로 그리고 온 너의 영혼으로 그리고 온 너의 힘으로(신 6:5).

이스라엘은 유일신 하나님을 사랑해야 한다. 동사 "너는 사랑해야 한다,"는 칼 완료이지만, 명령형으로도 번역할 수 있다(개역 개정은 명령으로 번역). 하나님을 섬기는 구체적인 방법을 말한다. 십계명의 제 일, 이 계명은 부정적으로 하나님을 섬기는 방법을 설명한다. 하나님을 섬기는데 다른 신을 두

---

[114] C. H. Gordon, "His name is One," *JNES* 29 (1970), 198-199.
[115] 유대인 성경 NJPS. J. Ridderbos, *Deuteronomium* (Kampen, 1950), 121.
[116] S. D. McBride, "The Yoke of the Kingdom: An Exposition of Deut. 6:4-5," *Int* 27 (1973), 273-306(274).
[117] P. C. Craigie, *Deuteronomy*, 167. M. Weinfeld, *Deuteronomy*, 330.
[118] S. R. Driver, *Deuteronomy* (Edinburgh, 1978), 52.

지 말고 우상을 만들지 말라고 명령했다. 그러나 이 본문은 하나님을 섬기는 긍정적인 방법으로 하나님을 사랑하라고 이야기한다. 하나님을 사랑하는 방법은 세 개의 전치사 구가 더 자세하게 설명한다. "온 너의 마음으로 그리고 온 너의 영혼으로 그리고 온 너의 힘으로"에서 "온"은 '모든'으로 백 퍼센트를 뜻한다. 이스라엘이 하나님을 사랑하는데 백 퍼센트의 마음과 영혼과 힘으로 사랑해야 한다. 마음과 영혼과 힘은 인간의 모든 것을 포함한다. 인간의 모든 것, 지식, 힘, 재물, 감정, 의지와 존재 자체 즉 전인격적으로 하나님을 사랑하라는 것이다.

사랑은 신명기에 자주 나타나는 주제이다(5:10; 7:9; 10:12; 11:1, 13, 22; 13:4; 19:9; 30:6, 16, 20). 십계명의 이 계명에서 모세는 하나님을 사랑하는 것을 구체적으로 언급했다.

> 그리고 수천대에게 인자를 행하시며, 나를 사랑하는 자들에게 그리고 나의
> 계명을 지키는 자들에게(신 5:10).

하나님이 인자를 베푸시는데 누구에게 베푸시느냐 하면, "나를 사랑하는 자들에게"이다. 하나님을 사랑하는 자들에게 하나님이 변함없는 사랑과 자비를 베푸신다. 이는 다시 "나의 계명을 지키는 자들에게"로 나온다. 두 개의 전치사구가 병행을 이루어 하나님을 사랑하는 방법을 구체적으로 설명한다. 하나님의 계명을 지키는 것이 하나님을 사랑하는 방법이다. 이것을 보면 사랑은 단순히 감정적인 것만을 의미하지 않는다. 하나님의 계명을 지키는 구체적인 삶의 행동으로 나와야 한다. 하나님을 사랑하는 것은 이스라엘의 하나님 아도나이께 충성과 헌신하는 것이다. 하나님이 요구하는 것이다.

> 그리고 이제 이스라엘아, 아도나이 너의 하나님이 너에게 요구하는 것이 무엇이냐?
> 오직 아도나이 너의 하나님을 두려워하는 것, 그의 모든 길들 안에 걷는 것,

그리고 그를 사랑하는 것, 그리고 온 너의 마음과 온 너의 영혼으로 아도나이 너의 하나님을 섬기는 것, 아도나이의 명령들과 내가 너에게 오늘 명령하는 법규들을 지키는 것, 너에게 선을 위하여(신 10:12-13).

모세는 하나님이 이스라엘에게 요구하는 것이 무엇인지를 질문한다. 2인칭 단수 "너"가 인상적이다. 이스라엘 공동체가 모세의 율법 설명을 듣고 있지만, 그 법을 지켜야 하는 것은 개인이다. 이 질문에서 하나님이 이스라엘의 개인에게 요구하는 것이 나온다. 이 질문에 대하여 5개의 부정사 연계형이 답변하고 있다.[119]

첫째, "아도나이 너의 하나님을 두려워하는 것"이다. 두려움은 경외로서 하나님을 섬기는 감정이다. 하나님을 두려워해야 하나님을 섬기며 하나님의 음성에 순종한다. 하나님을 두려워하지 않으면 하나님의 명령에 순종하지 않는다. 하나님을 떠나 자기 마음대로 살 것이다. 둘째, "그의 모든 길들 안에 걷는 것"이다. 여기서 길은 아도나이의 길이다. 하나님이 명령하는 말씀을 따라 사는 삶을 말한다. 하나님의 법을 따라 사는 윤리적인 삶의 양식이다. 셋째, "그를 사랑하는 것"이다. 아도나이를 사랑하는 것은 아도나이의 명령에 전적으로 순종과 충성하는 것을 의미한다. 넷째, "아도나이 너의 하나님을 섬기는 것"이다. 동사 '섬기다,'는 '일하다,'와 '예배하다,'의 뜻도 있다. 여기서는 예배하는 것을 뜻한다. 이스라엘이 출애굽 할 때, 누구를 섬길 것이냐가 중요한 주제였다. 이스라엘은 이집트의 바로 왕을 위하여 일하고 있었는데 하나님은 모세를 통하여 이스라엘은 아도나이를 섬겨야 한다고 하셨다(출 4:23; 7:16; 8:1, 20; 9:1, 13; 10:3, 26). 이스라엘은 이집트를 빠져나와 시내산에 도착해서 아도나이를 섬기기로 언약을 맺었다(출 24장). 그 후 이스라

---

[119] 이 질문은 미가서 6장 8절과 비슷하다. 미가는 "사람아 선한 것이 무엇이냐 그리고 아도나이께서 너에게 찾으시는 것이 무엇이냐?"하고 질문한다. 이 질문에 대한 답변은 3개의 부정사 연계형으로 주어지는데, "공의를 행하는 것 그리고 인자를 사랑하는 것 그리고 겸손히 너의 하나님과 함께 걷는 것"이다.

엘은 성막을 건축하고 아도나이를 예배하는 규례를 받았다. 다섯째, "내가 오늘 너에게 명령하는 법규들을 지키는 것"이다. "법규들"은 모세가 시내산에서 받은 율법의 구체적인 조항들을 의미한다. 오늘 모세가 이 율법들을 이스라엘에게 다시 설명해 주고 있다. 이스라엘이 받은 율법은 어떤 철학적이고 이상적인 율법 사상을 논하는 것이 아니다. 실제 삶에서 지켜야 할 법이다. 실천을 강조하고 있다.

아도나이께서 이스라엘에게 요구하는 사항은 5개의 부정사 연계형으로 나왔다. 하나님을 사랑하는 것은 그의 계명들을 지키는 것이다. 이것이 이스라엘의 삶에서 아도나의 길로 행하는 것이며 그를 두려워하며 섬기는 것이다.

하나님을 사랑하라는 명령은 신약에서도 중요하다. 한 서기관이 예수께 나와서 "모든 계명 중에 첫째가 무엇이냐"고 질문했다. 율법의 모든 계명 중에서 첫째 되는 가장 중요한 계명이 무엇이냐는 것이다. 그러자 예수는 신명기 6장 4-5절을 인용하여 하나님을 사랑하는 것이 첫째라고 대답하셨다 (막 12:28-30). 예수는 율법의 613개의 계명 가운데 가장 중요한 계명을 하나님 사랑으로 정의하셨다. 예수의 대답에서 계명들 가운데 큰 계명이나 작은 계명이 있다는 것을 알 수 있다. 어떤 계명은 중요하고 어떤 계명은 상대적으로 덜 중요한 계명이 있다는 것이다. 각 계명은 경중이 있다는 의미이다. 이것은 처벌 규정을 보면 알 수 있다. 어떤 계명을 어겼을 때는 사형이지만 어떤 계명을 어겼을 때는 배상으로 끝난다. 예수는 이 모든 계명 가운데 하나님을 사랑하는 것이 가장 크고 중요한 계명으로 선언하셨다.

하나님을 사랑하는 방법은 더 구체적으로 주어진다. 마음에 새기라고 한다. 이 말씀은 아주 독특하다. 왜냐하면 하나님이 십계명을 돌 판에 새겨서 주었기 때문이다.

> 그리고 내가 오늘 너에게 명령하는 이 말씀들이 너의 마음에 있어야 한다 (신 6:6).

모세는 하나님을 온 마음으로 사랑하라고 했다. 그 마음에 말씀이 있어야 하나님을 사랑할 수 있다. 하나님은 눈에 보이지 않는다. 하나님은 말씀으로 자신을 나타내셨다(참고 삼상 3:21). 따라서 마음에 말씀을 새기는 사람들이 하나님의 말씀을 지키며 사랑할 수 있다. 이 계명은 예레미야의 새 언약을 상기시킨다. 예레미야는 옛 언약의 파기를 선언하면서 새 언약을 맺을 날이 온다고 예언했다. 새 언약은 마음에 하나님의 법을 새길 것이라고 예언한다(렘 31:31-34).

더 나아가 모세는 이 말씀이 후대에 전수되어야 할 것을 강조한다. 하나님의 말씀이 후세대에 계속 전해지기를 명령한다.

그리고 너는 그것들을 너의 아들들에게 엄하게 가르쳐야 한다(신 6:7).

교육은 말씀을 후대에 전수하는 방법이다. 하나님의 말씀을 마음에 두기 위한 것이다. "엄하게 가르쳐야 한다,"는 '날카롭게 하다,' 또는 '갈다'(שׁנן)의 피엘(강의 능동) 완료형으로 '날카롭게 가르치다,' 또는 '엄하게 가르치다,'이다(BDB). 엄하게 가르치는 것으로 자녀들에게 말씀을 각인시키는 것이다(독일어 성경들 ELB, ELO, LUO, SCH). 어떤 학자들은 이것을 '반복하다,'로 해석하기도 한다(HAL). 부지런히 반복해서 가르치는 것이다(영어 성경들 ASV, ESV, JPS, RSV, RWB, YLT). 결론은 하나님의 말씀을 주의해서 가르쳐야 한다는 것이다. 하나님의 말씀을 마음에 새기기 위한 교육 방법이다.

2. 구원자 하나님[120]

위에서 우리는 이스라엘의 하나님 아도나이는 유일하신 분이라는 사실

---

[120] 이 부분은 김영욱, 『신명기 I』, 307-313에서 가져와 수정하고 보완한 것이다.

을 살펴보았다. 그렇다면 이제 이런 유일신론이 어떻게 나왔는가 하는 질문이 나온다. 이 질문에 대하여 신명기 4장 32절에서 35절을 살펴볼 가치가 있다. 모세는 이스라엘의 하나님 아도나이 외에는 다른 신이 없다고 선언한다.

> 너, 너는 보게 되었다, 아도나이 그가 하나님이다는 것을 알기 위하여, 그 외에 다른 이가 없다(신 4:35).

"그 외에 다른 이가 없다,"는 '아무도 없다' 즉 '그 외에 어떤 신도 없다,'는 뜻이다. 아도나이 외에 다른 신이 없다는 의미이다. 아도나이는 비교할 수 없는 독특하고 유일한 신이라는 의미로 유일신 사상을 표현한다. 그렇다면 모세는 어떤 사실을 근거로 아도나이는 유일한 신이라고 주장하느냐 하는 것이다. 이것은 이스라엘이 목격한 사건에 근거한다. "너, 너는 아도나이 그가 하나님이다는 것을 알기 위하여 보게 되었다,"하고 이스라엘의 역사적인 체험을 말한다. 이스라엘이 본 것은 출애굽 사건과 시내산 사건이다. 이스라엘은 이 두 사건을 통해서 아도나이 외에는 다른 신이 없다는 사실을 알게 된 것이다. 이래서 모세는 이렇게 질문한다.

> 왜냐하면 이제 너는 네 앞에 있었던 과거의 날들에 물어보라, 하나님이 땅 위에 사람을 창조하셨던 날 이후로 그리고 하늘의 끝에서 하늘의 끝까지 이 큰일과 같은 어떤 것이 있었느냐? 또는 그와 같은 어떤 것이 들렸었느냐?
> (신 4:32).

모세는 이스라엘에게 과거를 회상하라고, 옛날에 물어보라고 명령한다. 하나님이 사람을 이 땅에 창조하신 날 이후로 하늘 끝에서 하늘 끝까지 "이 큰일"과 같은 어떤 일이 있었느냐고, "이 큰일"과 같은 어떤 일을 들었느냐고 질문한다. 이 질문에는 "이 큰일"과 같은 일은 있지도 않았고 들어본 적도 없다는 답변을 전제하고 있다. 모세는 이스라엘 역사에서 "큰일"이 있었다고 말한다. 이스라엘이 경험한 큰일은 두 가지이다. 하나는 시내산 사건이며 다른 하나는 출애굽 사건이다.

> 어떤 백성이 불 가운데서 말씀하시는 하나님의 음성을 들었느냐? 네가 들었고 살았던 것같이(신 4:33).

이 질문은 이스라엘 외에는 이런 경험을 한 민족이 없다는 사실을 전제한다. 이스라엘은 불 가운데서 말씀하시는 하나님을 경험한 독특한 민족이다. "불 가운데서 말씀하시는 하나님의 음성"은 하나님이 시내산에 현현하셔서 말씀하신 사건이다. 이스라엘이 이집트를 빠져나와서 호렙산에 도착했다. 하나님이 나타나셔서 이스라엘에게 언약을 제안했다. 이스라엘이 하나님의 말과 언약을 잘 듣고 지키면 하나님의 거룩한 백성이 될 것이라고 했다(출 19:5-6). 이스라엘은 아도나이께서 명령하신 대로 행하기로 동의했다. 그러자 하나님이 우레, 번개, 나팔 소리, 불과 구름 가운데 호렙산에 임재하셔서 십계명을 직접 말씀해 주시고 직접 써 주셨다. 이스라엘이 불 가운데서 말씀하시는 하나님을 두려워하여 모세에게 대신 말해달라고 요구했다. 모세는 하나님과 이스라엘 사이에서 하나님의 말씀을 받아서 이스라엘에게 전해주었다(출 20-23장). 이 사건 이후에 하나님은 이스라엘과 언약을 체결하셨다. 모세가 언약의 책을 낭독하고 이스라엘이 동의했다. 모세가 언약의 피를 제단과 이스라엘에 반반씩 뿌렸다. 피로 언약을 맺은 것이다(출 24:1-11). 모세는 이 사건을 회고하며 "큰일"이라고 말한다. 이스라엘은 불 가운데서 말씀하시는 하나님의 음성을 직접 듣고 살았다.

> 또는 어떤 신이 그를 위해 한 민족을 다른 민족 가운데서 가서 취하려고 시도했느냐? 시도들로, 징조들로 그리고 기적들로 그리고 전쟁으로 그리고 강한 손으로 그리고 뻗은 팔로 그리고 큰 두려움들로 아도나이 너희의 하나님

이 이집트에서 너의 눈들 앞에서 너희를 위하여 행하셨던 모든 것과 같이 (신 4:34).

"큰일"의 다른 한 사건은 출애굽 구원 사건이다. 이 질문의 답변은 역사 속에서 아도나이 외에는 그 어떤 신도 이런 일을 시도한 일이 없다는 사실을 전제한다. "어떤 신이 그를 위해 한 민족을 다른 민족 가운데서 가서 취하려고 시도했느냐?" 이 질문에 대한 답은 "아도나이 너희의 하나님이 이집트에서 너의 눈들 앞에서 너희를 위하여 행하셨던 모든 것과 같이"에 나온다. 아도나이께서 이스라엘을 이집트에서 구원하기 위해 행하셨던 일이다. 큰일은 출애굽의 구원이다. 하나님이 이스라엘을 이집트에서 구원하기 위해 행하신 방법은 7개의 전치사구로 나타난다. "시도들"은 다른 표현들 "징조들," "기적들," "전쟁," "강한 손," "뻗은 팔," 그리고 "큰 두려움"과 동의어로 하나님이 이스라엘을 이집트에서 구원하기 위해서 행한 일들을 의미한다. 열 재앙과 홍해 바다의 구원을 뜻한다. 특별히 "전쟁"은 이스라엘이 홍해 바다 앞에 있을 때, 하나님이 이스라엘을 위하여 이집트와 싸운 전쟁을 뜻한다.

"너의 눈들 앞에서"는 이스라엘의 경험을 생생하게 표현한다. 이것은 다음 35절에 나오는 동사 "너는 보게 되었다."와 잘 어울린다. 아도나이는 이스라엘을 구원하기 위하여 역사 속에 들어오셔서 행동하셨다. 이 행동이 아도나이를 다른 신들과 비교할 수 없게 만드는 것이다. 아도나이는 자기 백성을 구원하기 위해 역사 속에 친히 들어오셔서 행동하셨다. 이것이 큰일이며 이 일로 유일신론이 나온 것이다.

유일신 사상은 열 재앙에서 잘 드러난다. 둘째 재앙 때, 모세는 나일강에서 개구리를 올라오게 했다. 수많은 개구리가 올라와서 왕궁과 침실과 백성의 집과 화덕과 그릇에 들어갔다. 이 일로 개구리 떼가 이집트 땅을 덮었다. 바로 왕이 모세에게 개구리를 떠나게 할 것을 요청했다. 이때 모세가 개구리가 사라지도록 언제 아도나이께 간구할 것인지를 묻는다. 바로가 내일 개구리가 사라지게 해달라고 대답한다. 이때 모세가 이렇게 말한다.

> 모세가 이르되 왕의 말씀대로 하여 왕에게 우리 하나님 여호와와 같은 이가 없는 줄을 알게 하리니(개역 개정, 출 8:10).

모세는 바로 왕이 요청한 대로 행해서 아도나이와 같은 이가 없다는 사실을 알게 할 것을 말한다. 자연을 다스리며 통치하는 아도나이 하나님과 같은 다른 신이 없다는 사실을 깨닫게 하겠다는 것이다. 역사 속에서 행동하시는 하나님을 경험하게 하는 것이다. 이런 하나님의 행동은 일곱째 우박 재앙에서 더 선명하게 드러난다.

> 내가 이번에는 모든 재앙을 너와 네 신하와 네 백성에게 내려 온 천하에 나와 같은 자가 없음을 네가 알게 하리라(개역 개정, 출 9:14).

하나님은 이집트에 우박 재앙을 내리신다. 이집드가 개국한 이후로 겪어 보지 못한 재앙이다(출 9:18, 24). 우박이 이집트 온 땅에 내려서 밖에 있는 사람과 짐승 그리고 밭에 있는 모든 채소와 나무를 쳤다. 하지만 이스라엘이 거주하는 고센 땅에는 우박이 내리지 않았다. 하나님은 이스라엘과 이집트를 구별하셨다. 우박 재앙을 통해 아도나이는 온 땅을 다스리는 분임을 보이셨다. 아도나이가 이 세상을 통치하시는 하나님이심을 드러낸 것이다.

하나님의 능력은 홍해 바다에서 더 크게 나타났다. 이스라엘이 이집트를 빠져나와 홍해 바다 앞에 섰다. 앞에는 바다가 있고 뒤에는 이집트의 군대가 추격해 오고 있다. 이때 하나님은 홍해 바다를 갈라서 땅이 드러나게 하셨다. 이스라엘은 바다 가운데 드러난 땅으로 걸어서 바다를 건넜다. 이스라엘이 다 건너자 하나님은 홍해 바다를 원래 상태로 되돌리셨다. 이스라엘을 따라 바다 가운데 들어온 이집트 군대를 몰살시키신 것이다. 홍해 바다에서 구원받은 이스라엘이 하나님을 찬양한다. 이집트의 말과 군대를 바다에 던

지신 하나님을 찬양하며 이름을 높인다. 이때 이스라엘이 아도나이를 이렇게 말한다.

> 여호와여 신 중에 주와 같은 자가 누구니이까 주와 같이 거룩함으로 영광스러우며 찬송할 만한 위엄이 있으며 기이한 일을 행하는 자가 누구니이까(개역 개정, 출 15:11).

질문으로 구성된 이 구절은 "여호와여 신 중에 주와 같은 자가 누구니이까?"하고 묻는다. 이 말은 '신 중에 누가 당신과 같겠습니까'하는 질문이다. 이 질문에는 아도나이와 같은 신이 없다는 답변이 전제되어 있다. 아도나이와 같이 "기이한 일"(놀라운 일)을 행할 신이 있느냐고 질문한다. 아도나이와 같이 홍해를 갈라서 이스라엘을 구원할 신이 있겠느냐 하는 것이다. 역시 이런 신이 없다는 사실을 전제한다. 역사 속에서 바다를 갈라서 한 민족을 구원한 신은 없다. 이런 일을 행한 신이 있다는 소문을 들은 적이 없다. 아도나이는 역사 속에 들어오셔서 이스라엘을 구원하셨다. 이 일로 아도나이는 영광과 찬송을 받으시기에 합당하다는 것이다. 찬양은 하나님의 구원에 대한 인간의 반응이다.

모세는 이 두 가지 사건, 시내산 사건과 출애굽 사건을 회고하면서 하나님의 큰일을 말한다. 이런 큰일을 역사 속에 들어와서 행하신 아도나이가 유일하신 한 분 하나님이라고 선언한다. 모세는 이스라엘에게 유일하신 하나님을 사랑하라고 권면하고 있다.

08
출애굽 구원[121]

    구약에서 구원 사건은 다양하게 일어났다. 사람이 사람을 구원하는 사건도 있지만, 우리가 주목하는 구원 사건은 하나님이 사람 또는 이스라엘을 구원하는 것이다. 가장 중요하게 자주 언급되는 구원 사건은 출애굽 사건, 군사적인 승리, 포로에서 해방과 병에서 치유이다. 개인적으로는 하나님께 구원을 바라는 기도의 응답이 있다. 하나님은 또한 모든 환난, 죄악, 적, 어려움과 병으로부터 구원하신다. 이런 구원 사건들을 표현하는 단어는 번역의 일관성이 없지만, 구약에서 다양하게 사용되었다(פדה, נצל, ישע, יצא, גאל, שוב). 이 히브리어 단어들은 주로 '구원하다,' '구속하다,' '속량하다,' '건지다,' '빼내다,'로 번역되었다.

---

[121] 이 부분은 김영욱, "신명기의 구원 사상,"『신학 지남』354 (2023), 9-34에서 가져와 수정하고 보완한 것이다.

1. 신명기의 구원

위에서 언급한 구원을 나타내는 히브리어의 동사들 가운데 신명기에서 강조하는 구원을 살펴보면 다음 두 단어, '파다'(פדה)와 '야차'(יצא)가 두드러지게 나온다. 특이하게도 '야차'(יצא)가 더 많이 나온다.[122] 이 두 단어 외에도 구원을 설명하는 다른 단어들이 있다.

(1) 파다(פדה)

이 단어는 신명기에서 6회 나오는데, 모두 출애굽 사건과 관련해서 사용되었다.[123] 하나님이 이스라엘을 선택하신 사건은 출애굽으로 나타나는데,[124] 이 사건이 일어난 이유는 두 가지이다. 첫째, 하나님께서 이스라엘을 사랑하셨기 때문이다. 둘째, 하나님께서 이스라엘의 조상들에게 하신 맹세를 지키기 위해서이다.[125]

> 아도나이는 너희를 강한 손으로[126] 데리고 나왔다. 그리고 그는 노예들의 집으로부터, 이집트의 왕 바로의 손으로부터 너를 구해냈다(신 7:8).

여기서 동사 '데리고 나오다,'(יצא)와 '구해내다,'(פדה)가 병행을 이루어 나온다. 하나님이 이스라엘을 구원하신 방법은 "강한 손"이며 이스라엘을 구해낸 장소는 "노예들의 집"과 "이집트의 왕 바로의 손"에서이다. 하나님

---

[122] A. R. Hulst, C. van Leeuwen, *Bevrijding in het Oude Testament* (Kampen, 1981), 18-32.
[123] 신명기 21장 8절은 구체적으로 이집트에서의 구원 사건인 출애굽을 명확하게 언급하지 않지만, 출애굽 사건을 내포하고 있다.
[124] 선택을 구약의 중심으로 보는 프로이쓰는 출애굽을 "원 선택으로서 출애굽 사건"이라고 부른다. H. D. Preuß, *Theologie des Alten Testaments* 1 (Stuttgart, 1991), 43.
[125] 하나님이 이스라엘을 구원하신 이유는 두 번 나오는 전치사 '민'(מן)이 잘 보여준다.
[126] 70인경은 여기에 "높은 팔로"(ἐν βραχίονι ὑψηλῷ)를 덧붙인다.

의 "강한 손"과 바로의 "손"이 대조를 이룬다. 여기서 "손"은 '권세,' '능력'을 상징한다. 하나님의 능력이 바로 왕의 능력보다 더 강하다. 이 사실은 하나님이 이스라엘을 바로 손에서 구해낸 것에서 볼 수 있다.

이집트에서의 구원은 다시 모세의 기도에서 나온다. 이스라엘이 시내산에서 금송아지를 만들었을 때, 모세는 하나님께 이스라엘을 멸망시키지 말 것을 기도한다(신 9:25-29). 여기서 모세는 이스라엘을 "당신의 백성"[127] 그리고 "당신의 기업"으로 언급한다.[128] 두 개의 관계 대명사 절이 평행법을 보여준다.

당신이 당신의 위대함으로 구속하셨던(פדה) 당신의 기업,
당신이 이집트에서 강한 손으로[129] 데리고 나왔던 (יצא) 당신의 기업(신 9:26).[130]

이스라엘은 하나님이 구속하셨던 하나님의 기업이며 하나님이 이집트에서 데리고 나온 하나님의 기업이다. 다시 출애굽의 구원은 이스라엘 사람을 유혹하여 하나님을 떠나게 만드는 거짓 선지자와 꿈꾸는 자를 죽이라는 명령에서 나온다.[131]

너희를 이집트의 땅에서 데려온 자(יצא) 그리고 종들의 집에서 너를 구속한

---

[127] 이스라엘이 금송아지 형상을 만들어 부패하자 하나님은 모세에게 "네가 애굽에서 인도하여 낸 네 백성"이라고 하시고 모세는 하나님께 "주의 백성"(당신의 백성)을 용서해달라고 기도한다 (신 9:12, 26).

[128] 개역 개정은 "주의 백성"과 "주의 기업"으로 번역한다.

[129] 70인경은 "당신의 큰 힘으로 그리고 당신의 강한 손으로 그리고 당신의 높은 팔로"(ἐν τῇ ἰσχύι σου τῇ μεγάλῃ καὶ ἐν τῇ χειρί σου τῇ κραταιᾷ καὶ ἐν τῷ βραχίονί σου τῷ ὑψηλῷ)로 번역한다.

[130] "당신의 기업을"은 한 번 나오지만 두 개의 관계 대명사 절이 "당신의 기업을"을 수식하고 있어서 두 번으로 번역했다.

[131] 거짓 선지자와 꿈꾸는 자는 이스라엘을 다른 신에게로 인도하는 자들로 헤렘의 대상이다. 이스라엘로 십계명의 제 일 계명을 어겨 배교하게 만들기 때문이다.

자(פדה)(신 13:5).

이스라엘의 아도나이가 어떤 분인지를 설명한다. 하나님을 설명하는 두 단어 "데려온 자"와 "구속한 자"는 분사형으로 나온다. 이스라엘을 출애굽 시킨 분은 아도나이 하나님이다. 출애굽의 구원은 면제년에 종을 해방해 주라는 명령에서 나온다. 이 명령을 지키는 이유로 하나님이 이스라엘을 종에서 구원해 주셨기 때문이다.[132] "아도나이 너의 하나님이 너를 구원하셨다는 (פדה) 것을" 기억하라고 말한다(신 15:15).

출애굽의 구원은 이스라엘이 가나안 땅에 살 때, 누가 죽였는지 알지 못하는 시체를 처리하는 법에서 다시 나온다. 시체가 발견된 곳에서 가장 가까운 성의 장로들은 암 송아지 한 마리를 강으로 끌고 가서 목을 꺾어 죽인 후에 그들의 손을 씻고 자신들은 이 피를 흘리지 않았다고 제사장 앞에서 말해야 한다. 이때 제사장들은 다음과 같이 기도한다.

당신이 구속하신(פדה)[133] 이스라엘, 당신의 백성을 위하여 사하소서(신 21:8).

모세는 고아와 과부와 나그네에게 정의를 시행할 것을 명령한다. 고아와 체류자의 재판을 공정하게 하고 과부의 옷을 저당잡지 말라고 하신다. 이 명령을 행하라는 근거로 출애굽 구원을 든다.

그리고 너는 기억해야 한다, 네가 이집트에서 종이었으며 너의 하나님 아도나이께서 거기로부터 너를 구원하셨던(פדה) 것을, 그러므로 내가 너에게 이 일을 행하도록 명령한다(신 24:18).

---

[132] 이스라엘의 절기들인 면제년, 유월절, 칠칠절 그리고 초막절은 다 출애굽 구원에 근거하고 있다(출 23:43; 신 15:15; 16:3, 12).
[133] 70인경은 "당신이 구속하신 당신의 백성 이스라엘에게, 주여, 이집트의 땅에서"(τῷ λαῷ σου Ισραηλ οὓς ἐλυτρώσω κύριε ἐκ γῆς Αἰγύπτου)이다.

여기서 이스라엘은 이집트에서 종이었고 아도나이께서 이스라엘을 구원하셨다는 사실을 기억해야 한다. 출애굽 구원 사건이 이스라엘이 사회정의를 시행하는데 근거이다.

(2) '야차'(יצא)

우리는 위에서 '파다'(פדה)의 유사 동의어로 '야차'(יצא)가 나오는 것을 살펴보았다.[134] 신명기는 출애굽의 구원을 설명할 때, 독특하게 동사 '야차'(יצא)를 많이 사용한다.[135] 가데스 바네아에서 출애굽 세대는 열 명의 정탐꾼의 보고를 듣고 장막 안에서 아도나이께서 이스라엘을 멸망시키기 위해서 "이집트 땅에서 이끌어내셨다"(יצא 히필)고 불평한다(1:27).

모세는 시내산 신현의 광경을 회고하면서 이스라엘에게 우상을 제조하지 말라고 명령한다. 더 나아가 하늘의 해와 달과 별을 섬기지 말라고 하신다. 이렇게 하늘의 광명체를 숭배하지 말라는 근거로 출애굽을 말씀하신다.

> 그리고 아도나이께서 너희를 취했고 그가 철 용광로에서, 이집트에서 오늘날과 같이 그에게 기업의 백성이 되도록 너희를 데려왔다(יצא 히필)(신 4:20).

"철 용광로"라는 표현이 이집트에서의 고달팠던 이스라엘의 삶을 설명한다. 하나님이 이스라엘을 이집트에서 "데려왔다" 즉 구원하셨다. 하나님은 이스라엘의 조상을 사랑하셨고 그의 후손을 선택하셨기 때문에(4:37) 그리고 조상들에게 했던 맹세를 지키기 위해서(7:8) 이스라엘을 출애굽 시킨 것이다.

모세는 신명기의 법이 선포된 시점을 "그들이 이집트에서 나왔을

---

[134] '야차'는 칼형일 때, '가다,' '나오다,'의 뜻이다. 구약에서 1,068회 사용되었다(칼형 785회, 히필형 278회, 호팔형 5회). *NIDOTTE* vol. 2, 498-500. *TWAT III*, 795-822. *THAT I*, 755-761.
[135] 신명기에서 '야차'는 칼 34회 그리고 히필 32회 나온다.

때"(יצא 칼 부정사)로 밝힌다(4:45). 이 표현은 다시 이스라엘이 요단 동편에 거하는 아모리 인들의 왕 시혼과 전투를 치른 후로 나온다(4:46).

출애굽의 구원은 무엇보다도 하나님이 자신을 계시하시는 십계명의 서론에 나온다. 십계명을 선포하는 하나님은 자신을 "나는 이집트의 땅에서, 노예의 집에서 너를 데리고(יצא 히필) 온 아도나이 너의 하나님이다"(5:6)하고 소개하신다.[136] 그리고 하나님은 안식일 계명을 지킬 것을 출애굽에 근거하여 명령하신다. 하나님이 이집트에서 "강한 손과 뻗은 팔로 너를 데리고 나왔다는(יצא 히필) 것을" 기억하고 안식을 지켜야 한다고 하신다(5:15).[137]

모세는 이스라엘이 가나안 땅에 들어가서 풍요를 누릴 때, 조심해야 한다고 권면한다.[138] "조심하라 너 자신을, 이집트의 땅으로부터, 노예들의 집으로부터 너를 인도해 낸(יצא 히필) 아도나이를 너는 잊지 않도록"(6:12). 이 경고는 다시 나온다. 먹고 만족하고 재산이 증식될 때, 마음이 교만해져서 "이집트의 땅, 노예의 집으로부터 너를 데리고 나온 자(יצא 히필 분사)" 아도나이를 잊어버리지 말라고 경고한다(8:14).[139]

모세는 과거를 회고하면서 이스라엘이 이집트에서 "나왔던(יצא 칼) 날로부터" 하나님께 반역했다고 말하며(9:7) 하나님은 시내산에서 모세가 이집트에서 "데리고 나왔던(יצא 히필)" 백성이 부패했다고 말한다(9:12). 이스라엘이 시내산에서 금송아지를 만들었기 때문이다. 이 일로 인하여 모세는 40일 금식기도를 하며 하나님께 "당신이 당신의 위대함으로 구속하셨던(פדה) 당

---

136 침멀리는 출애굽의 구원자 하나님께 복종하는 것이 구약 신앙의 근본이라고 말한다. W. Zimmerli, *Grundriß der altterstamentlichen Theologie* (Stuttgart, 1975), 100.
137 출애굽기는 하나님의 창조 사건을 근거로 안식일을 지키라고 한다(출 20:11). 김영욱, "안식일 계명 비교 연구" 『신학지남』 346 (2021), 25-46을 참고하시오.
138 이 경고는 아주 흥미롭다. 하나님이 이스라엘을 이집트에서 구원하여 가나안 땅으로 인도하셨다. 가나안 땅의 풍요로운 소산을 먹고 마음으로 이스라엘은 가나안 땅을 선물로 주신 하나님을 잊어버릴 위험이 있기 때문이다.
139 크레이기는 신명기 8장에 이중 주제가 나온다고 말한다. 첫째는 "기억하다,"와 "잊어버리다,"이며 둘째는 "광야"와 "약속의 땅"이다. 약속의 땅에서 하나님을 잊어버리는 것을 주의하라고 말한다. P. C. Craigie, *The Book of Deuteronomy*, 184.

신의 기업을, 당신이 이집트에서 강한 손으로 데리고 나왔던(יצא 히필) (당신의 기업을)"140 멸망시키지 말기를 간구한다(9:26).

모세는 후대의 자손이 율법의 의미와 중요성을 물을 때를 가정해서 답변을 준비하는데(신 6:20-25), 먼저 이스라엘이 이집트에서 출애굽한 것을 언급한다. "아도나이께서 우리를 강한 손으로 이집트에서 데리고 나왔다"(יצא 히필, 6:21). 하나님이 이스라엘을 이집트에서 구원해 내신 후에 율법을 주셨다는 것이다. 구원자 하나님이 율법의 제정자이며 가나안 땅을 선물로 주신 분이다.141

모세는 이스라엘에서 다른 신을 섬기자고 유혹하는 자들을 다 제거하라고 명령한다. 선지자나 꿈꾸는 자가 일어나서 "너희를 이집트에서 데려온 자(יצא 히필 분사)"를 떠나자고 하면(13:5)142 그리고 가족이나 친구가 "이집트 땅, 종들의 집에서 너를 데리고 나온 자(יצא 히필 분사)"를 배교하자고 하면(13:10) 죽이라고 명령한다. 유혹하는 자는 이스라엘을 그들의 구원자로부터 떠나도록 하는 것이다. 비록 그들이 이스라엘 사람일지라도 헤렘의 대상이다.

이스라엘이 가나안 땅에 들어가서 유월절을 지켜야 한다. 유월절 준수는 출애굽에 근거한다. "왜냐하면 아빕월에 너의 하나님 아도나이가 너를 이집트에서 밤에 데리고 나왔기(יצא 히필) 때문이다"(16:1). 이레 동안 무교병 즉 "누룩 없는 고난의 빵"을 먹어야 한다. 이스라엘이 "급하게 이집트의 땅에서 나왔기(יצא 칼) 때문이다"(16:3). 이스라엘은 중앙 성소에서 "해가 질

---

140 70인경(LXX)은 "당신의 몫"(τὴν μερίδα σου)으로 번역한다.
141 이것이 고대 이스라엘의 자녀 교육을 위한 기본 내용이다. M. Weinfeld, *Deuteronomy 1-11*, 356-357.
142 여기서 선지자는 거짓 선지자로 "아도나이에 대하여 배교를 말했기(דבר סרה) 때문"에 죽임을 당해야 한다. 개역 개정은 "배반하게"로 번역한다. LXX는 "타락(유혹)시키기 위하여"(πλανῆσαι)로 번역한다. 크리스텐센은 "변절" "배신"으로 해석한다. Duane L. Christensen, *Deuteronomy* 1:1-21:9 (Nashville, 2001), 269. 유대인 성경은 "불 충성을 요구했기" 때문으로 해석한다(JPS). 이 번역에 대해서 티가이는 "거짓을 말했기" 때문에 거짓 선지자로서 죄가 있다고 말한다. Jeffrey H. Tigay, *Deuteronomy*, 130.

때, 네가 이집트에서 나온(יצא 칼 부정사) 시각에" 유월절 제사를 드려야 한다 (16:6).

모세는 모압과 암몬 사람들은 아도나이의 총회에 들어오지 못할 것을 선언한다.[143] 왜냐하면 이스라엘이 "이집트에서 나왔을 때(יצא 칼 부정사)" 빵과 물로 환대하지 않았기 때문이다(23:4).[144] 또한 모세는 나병에 대해서는 레위 제사장들이 가르치는 대로 지키라고 명령한다. 그리고 이스라엘이 "이집트에서 나올 때(יצא 칼 부정사)" 하나님이 미리암에게 행하신 일을 기억하라고 한다(24:9). 또한 모세는 이스라엘이 "이집트에서 나올 때(יצא 칼 부정사)" 길에서 아말렉이 행했던 일을 기억하고 아말렉을 진멸하라고 명령한다(25:17).

모세는 이스라엘이 기업의 땅에 들어가서 거주할 때, 그 땅의 첫 열매를 가지고 중앙 성소에 가서 예물을 드릴 것을 명령한다. 이때, 예배자는 하나님의 약속이 성취되었음을, 하나님께서 조상들에게 맹세하신 땅에 들어왔음을 고백한다. 그리고 예배자는 간략한 이스라엘의 역사를, 소위 구속사를 하나님 앞에서 고백한다. 이때 출애굽이 가장 많이 나와서 중요하다. 이스라엘이 이집트의 억압으로 하나님께 부르짖자 하나님이 들으시고 행동하셨다.

그리고 아도나이께서 이집트로부터 우리를 데리고 나왔다(יצא 히필), 강한 손으로 그리고 편 팔로 그리고 큰 두려움으로 그리고 징조들로 그리고 기적들로(신26:8).

아도나이는 이스라엘의 기도에 대한 응답으로 그들을 이집트에서 "데리고 나왔다" 즉 구원하셨다. 하나님이 이스라엘을 구원하신 방법은 다섯 개

---

[143] 이 이유 외에 모압이 이스라엘 총회에 들어오지 못하는 이유로 모세는 발람 선지자를 고용하여 이스라엘을 저주하려고 했던 것을 언급한다(신 23:4). 모압 왕 발락이 이 일을 주도했다(민 22-24장).

[144] 여기서 "~ 때문에"(על דבר אשר)는 '~던 일 위에,' '그 일로 인하여'이다. P. Joüon, S. J. and T. Muraoka, *A Grammar of Biblical Hebrew. Part Three: Syntax* (Roma, 1996), 639.

의 전치사 구들이 잘 보여준다.

마지막으로 신명기는 이스라엘이 가나안 땅에서 모압 언약을 지키지 않았을 때, 오는 결과를 설명한다. 가나안 땅이 황폐하게 되고 이스라엘이 그 땅에서 쫓겨나 포로가 되는 이유는 하나님이 이스라엘을 "이집트의 땅에서 데리고 나왔을 때(יצא 히필 부정사)," 하나님이 이스라엘과 맺었던 언약을 떠났기 때문이다(29:25). 이스라엘이 언약을 파기함으로 언약의 저주가 임하여 나라가 망한 것이다.[145]

(3) 다른 단어들

신명기의 구원 사상을 표현하는 다른 단어들로 먼저 '나싸'(נסה)를 들 수 있다. 이 단어는 신명기에서 '시험하다,'로 사용되었는데, 신명기 4장 34절에서 하나님의 구원을 표현하는 '시도하다,'로 나온다.[146] 여기서 하나님의 구원은 이스라엘을 이집트에서 취하려고 시도한 출애굽 사건이다.

다른 단어 '나탄'(נתן) 역시 출애굽의 구원을 설명하는 문맥에서 나온다. "아도나이께서 우리를 강한 손으로 이집트에서 데리고 나왔다(יצא). 그리고 아도나이께서 크고 비참한 징조들과 기적들을 주셨다(נתן). 이집트에 대하여, 바로에 대하여 그리고 그의 집의 모든 것들에 대하여, 우리 눈앞에서"(신 6:21-22). 이스라엘을 출애굽 시키기 위하여 하나님께서 이집트를 징조로 치신 것을 설명하는 단어는 '주셨다'(נתן)이다. 이 동사는 다음 구절에서 다시 "그가 우리를 거기에서 데리고 나왔다(יצא)"에 둘러싸여 샌드위치처럼 나온다(신 6:23).

---

145 예레미야 선지자도 유다의 언약 파기로 인하여 언약의 저주가 왔음을 선언한다(렘 11:1-11).
146 "또는 어떤 신이 그를 위해 한 민족을 다른 민족 가운데서 가서 취하려고 시도했느냐? 시도들로, 징조들로 그리고 기적들로 그리고 전쟁으로 그리고 강한 손으로 그리고 뻗은 팔로 그리고 큰 두려움들로 아도나이 너희의 하나님이 이집트에서 너의 눈들 앞에서 너희를 위하여 행하셨던 모든 것과 같이"(신 4:34).

출애굽 사건과 관련해서 다른 두 단어 '아싸'(עשה)와 '알라'(עלה)가 나온다. 모세는 이스라엘에게 "아도나이 너의 하나님이 바로와 모든 이집트에게 행하셨던 것을(עשה)" 기억하라고 한다(신 7:18). 이 단어는 다시 "그가 이집트의 군대에게, 그의 말들과 병거에게 행하신 일을(עשה)"하고 나온다(신 11:4). 신명기는 하나님을 소개할 때, "이집트 땅에서 너를 데려 나온 자(עלה, 히필 분사)"하고 말한다(신 20:1).

신명기에서 출애굽과 관련 없는 하나님의 다른 구원 행동은 전쟁과 관련해서 나온다. 하나님은 전쟁에서 이스라엘과 함께하셔서 구원하실(ישע) 것을 말한다(신 20:4). 하나님은 이스라엘의 전쟁에 동행하여 구원하신다(נצל). 그래서 이스라엘에게 진을 거룩하게 할 것을 명령하신다(신 23:14). 하나님은 자신을 구원자로 소개한다.

> 보라 이제 참으로 나, 내가 그이다. 그리고 나와 함께 한 신들이 없다. 나, 내가 죽일 것이고 내가 살릴 것이다. 내가 치고 나, 내가 고칠 것이다. 나의 손으로부터 건질 자(נצל 히필 분사)가 없다(신 32:39).

하나님이 죽이고 살릴 능력과 권한이 있다. 이때 함께한 신이 없다. 이런 능력을 소유한 분은 이스라엘의 하나님이 유일하시다. 하나님 외에 구원자가 없다.

하지만 이스라엘은 가나안 땅에서 먹고 부해지자 하나님을 배신할 것이다. 이스라엘은 "그의 구원의 반석(צור ישועתו)"이신 하나님을 떠날 것이다(신 32:15). 이스라엘이 가나안 땅에 들어가서 하나님과 맺은 모압 언약을 어기면, 언약의 저주가 찾아올 것이다. 각종 언약의 재앙이 임하여 압제와 탈취가 있을 때, 이스라엘에 "구원자(מושיע)가 없을 것"이다(신 28:29).

모세는 이스라엘을 축복하면서 마지막으로 이스라엘은 행복한 사람이라고 말한다. 왜냐하면 이스라엘은 "아도나이에 의해 구원받은 백성(ביהוה העם הנושע)"이기 때문이다(신 33:29).

2. 구원 사상의 전수

우리는 위에서 신명기에서 구원을 설명하는 단어들이 나오는 본문을 살펴보았다. 신명기에 하나님의 구원 행동은 여러 가지로 나오는데, 그 가운데 출애굽 사건이 단연 두드러진다. 출애굽 사건은 하나님이 이스라엘을 이집트에서 구원하신 사건으로 하나님이 이스라엘을 한 나라로, 한 백성으로 선택하신 것이다. 이 구원 사상은 이제 후세대에 전수되어야 하는데, 전수 방법은 절기와 신앙고백을 통해서 이루어진다.

(1) 유월절

유월절은 정기적인 절기 법을 설명하는 본문(신 14:22~16:17) 가운데 나온다. 유월절은 특히 이스라엘의 삼대 절기(유월절, 칠칠절, 초막절)를 말하는 신명기 16장에서 1절부터 8절에 나온다.[147] 유월절은 무교절과 함께 나온다.[148] 먼저 아빕월에 유월절을 지킬 것을 말하는데 그 이유는 출애굽이다.

> 아빕월을 지켜라 그리고 너는 너의 하나님 아도나이께 유월절을 행해야 한다, 왜냐하면 아빕월에 너의 하나님 아도나이가 너를 이집트에서 밤에 데리고 나왔기 때문이다(신 16:1).

유월절을 지켜야 하는 이유는 이스라엘이 이집트에서 빠져나왔기 때문이다.[149] "데리고 나왔기"는 '야차'(יצא)의 히필형으로 하나님께서 이스라엘

---

[147] 유월절에 관한 설명은 출애굽기 12:1~13:16, 레위기 23:5~8, 민수기 28:16~25 그리고 신명기 16:1~8에 나온다.
[148] 유월절은 16장 1~2절과 4b~7절에 그리고 무교절은 16:3~4a, 8절에서 설명한다.
[149] 유월절 준수와 안식일 준수(신 5:15)는 신학적으로 중요한 주제인 출애굽으로 묶여 있다. C. J. Labuschagne, *Deuteronomium deel II* (Nijkerk: Callenbach, 1990), 96.

을 이집트에서 데리고 나오므로 정치적, 사회적, 그리고 경제적인 자유와 해방을 주신 것이다. 유월절은 명확하게 출애굽의 구원 사건에서 기원한다. 신명기는 무엇보다도 유월절은 하나님이 선택하신 장소에서[150] 지켜야 할 것을 강조한다.[151] "아도나이께서 그의 이름을 거기에 두기 위하여 선택하실 장소에서"[152] 이스라엘은 "유월절 제사"를 양과 소로[153] 드려야 한다(16:2). 아도나이께서 선택하실 이 장소는 중앙 성소이다(신 12:1-14). 신명기는 이 중앙 성소에서 유월절을 지키라고 명령한다(16:5~7).[154] 유월절은 무교절로 이어진다. 이때 무교병을 먹는다.

> 너는 그것과 함께 발효된 것을 먹을 수 없다. 칠일 동안 너는 그것과 함께 누룩 없는 고난의 빵을 먹을 것이다. 왜냐하면 너는 급하게 이집트의 땅에서 나왔기 때문이다. 네가 이집트의 땅에서 네가 나온 날을 기억하기 위하여 너의 삶의 모든 날들에(신 16:3).[155]

여기서 "나왔기"는 '야차'(יצא)의 칼형이다. 이 무교병은 발효되지 않은 "고난의 빵"으로 이집트의 고통스러운 생활을 상기시킨다. 하지만 이것은 이차적인 이유이고 일차적인 이유로 "누룩 없는 고난의 빵"을 먹는 것은 이

---

150 하나님이 선택하실 장소에 대해서는 김영욱, "신명기의 선택 신학," 『신학지남』 334 (2018), 63-82를 참고하시오.
151 유월절은 출애굽기에서 장자 재앙과 관련해서 나온다. 출애굽기는 유월절에서 어린양의 피를 강조한다. 어린양의 피가 발라져 있는 집의 장자는 죽음에서 구원받았다(출 12:13, 22-23).
152 아람어 성경들(탈굼 옹켈로스, 탈굼 네오피티, 탈굼 프쉬도 요나단)은 아도나이의 세키나(임재)를 두기 위한 장소로 해석한다.
153 신명기는 유월절 제물로 양과 소인 데 반하여 출애굽기는 양과 염소이다(출 12:5). 이렇게 제물이 다른 이유에 대하여 티가이는 출애굽기는 출애굽 과정 중에서 제물을 잡아야 했기 때문에 작은 짐승을 언급했고 신명기는 가나안 땅에 정착한 후에 중앙 성소에서 가족이 드렸기 때문에 큰 짐승인 소를 언급했을 것이라고 설명한다. J. H. Tigay, *Deuteronomy*, 153-154.
154 신명기는 중앙 성소를 강조하지만 흥미롭게도 중앙 성소가 어디인지 구체적인 지명을 언급하지 않는다.
155 유월절에 먹을 수 없는 것(유교병)과 먹을 수 있는 것(무교병)이 대조를 이루고 있다.

스라엘이 이집트에서의 노예 생활에서 급하게 빠져나온 날을 기억하기 위해서이다.

유월절은 하나님께서 이스라엘에게 구원을 주신 날이다. 이스라엘은 이것을 매년 유월절을 지킴으로 기억해야 한다. 여기에 신앙 전수의 의미가 있다. 이스라엘은 사는 날 동안 유월절을 기억해야 함과 동시에 출애굽을 경험하지 못한 후손들에게 유월절의 의미를 전수하는 것이다. 후세대는 이 유월절에 참여함으로 하나님이 이스라엘을 이집트에서 구원하셨다는 공동 기억을 갖는다. 이렇게 "출애굽은 이스라엘 신앙의 근본"이 된다. "출애굽 사건은 한 개인이 구원받은 사건이 아니라 이스라엘이 민족적으로 구원받은 사건이다. 이래서 출애굽은 민족적, 국가적인 의미가 있다. 출애굽을 통하여 이스라엘이 역사 속에서 한 나라로서 등장했기 때문이다. 출애굽은 이스라엘을 역사 속에서 하나의 백성, 하나의 나라, 국가로 존재하게 했다. 또한 하나님의 백성이 되게 하였다."[156]

(2) 신앙고백

이스라엘이 하나님의 구원 행동을 기억하는 또 하나의 방법은 신앙고백이다. 유월절이 국가적인 성격을 가진 절기였다면 이 신앙고백은 개인적인 성격을 띤다. 이 신앙고백은 신명기 26장에 나온다. 이 본문(신 26:5-9)은 폰 라드에 의해 작은 역사적 신앙고백 또는 구속사로 불리며 유명해졌다.[157]

이스라엘이 가나안 땅에 들어가 정착한 후에 농사를 짓는다. 농산물을 수확하면 그 첫 열매를 하나님께 가져와야 한다. 하나님이 선택하신 장소 즉 중앙 성소에 와서 수확물을 드리며 감사한다. 이때 예배자는 가나안 땅을 주신 하나님께 감사하며 신앙고백을 한다. 이때 예배자가 고백하는 내용

---

[156] 김영욱, 『신명기 II』 (서울: 솔로몬, 2016), 376.
[157] G. von Rad, "Das formgeschichtliche Problem des Hexateuch," in *Gesammelte studien zum Alten Testament* (München: Chr. Kaiser Verlag, 1961), 9-20.

이 5절부터 9절에 나온다.[158] 여기서 예배자는 이스라엘의 조상을 언급하며 이집트로의 이주, 이집트가 이스라엘을 학대한 것, 이스라엘이 하나님께 부르짖은 것, 아도나이께서 이스라엘을 이집트에서 인도하여 내신 것 그리고 가나안 땅으로 인도한 것을 말한다. 이 내용을 이스라엘의 신앙고백 또는 구원 역사라고 부른다.

흥미롭게도 5절밖에 되지 않는 본문에 이스라엘의 역사가 짧게 요약되어 나온다. 이 역사는 이스라엘의 조상들로부터 가나안 땅 정착까지 나아간다. 창세기부터 여호수아까지의 내용이다.[159] 우리의 관심은 이 신앙고백의 본문에서 출애굽에 있다. 이 짧은 본문에서 강조점은 출애굽에 있다. 출애굽의 구원을 고백하기 위해 5절 가운데 무려 3절이나 할애하고 있다. 그 세 절은 이집트가 이스라엘에게 중노동을 부과하여 학대한 것(26:6), 이스라엘이 아도나이께 기도한 것(26:7) 그리고 아도나이께서 이스라엘을 구원하신 것(26:8)으로 구성되어 있다. 여기서 특히 아도나이의 구원 행동이 강조되었다.

> 그리고 아도나이께서 강한 손으로 그리고 편 팔로 그리고 큰 두려움으로 그리고 징조들로 그리고 기적들로 이집트로부터 우리를 데리고 나왔다(신 26:8).
> 그리고 그가 우리를 이 장소로 오게 하셨다, 그리고 그가 우리에게 이 땅을 주셨다, 젖과 꿀이 흐르는 땅(신 26:9).

여기서 "데리고 나왔다"는 '야차'(יצא)의 히필형이다. 이 신앙고백에서 강조하는 것은 아도나이께서 이스라엘을 이집트에서 데리고 나와서 가나안 땅으로 인도해왔다는 것이다. 이스라엘의 신앙고백은 하나님께서 이스라엘에게 행하신 구원 역사를 핵심으로 하고 있고 그 중심에 출애굽의 구원이

---

[158] 이 본문에 대한 자세한 주석은 김영욱, 『신명기 III』 (서울: 솔로몬, 2019), 203-225를 보시오.
[159] 가나안 땅 정착과 가나안 땅에서의 삶을 말하기 때문에 열왕기 하까지로도 볼 수 있다.

있다. 가나안 땅의 첫 열매를 가지고 나온 모든 예배자는 이런 신앙고백을 - 아도나이께서 이스라엘을 이집트에서 구원하셨고 이스라엘에 가나안 땅을 주셨다는 사실을 - 해야 한다.

　구약에서 가장 중요하게 다루는 구원 사건들은 출애굽, 전쟁 승리, 그리고 바벨론 해방이다. 이 구원 사건들 가운데 출애굽 사건이 가장 두드러진다. 이런 경향은 신명기에서 그대로 나타난다. 신명기에서 출애굽과 전쟁에서의 승리가 두드러진다. 두 사상 가운데 출애굽 사건이 핵심이다. 출애굽의 구원은 한 개인의 구원이 아니라 이스라엘 민족의 구원 사건이다. 따라서 출애굽은 이스라엘의 신앙의 핵심이며 근간이다. 하나님이 이스라엘을 이집트에서 구원하셨다는 사상은 후 세대에게도 계속 이어진다. 모세는 출애굽의 구원 사건을 유월절과 밀접하게 연관시켜서 설명했다. 출애굽 경험이 없는 후 세대는 매년 유월절을 지킴으로 같은 기억을 갖는 것이며 하나님이 이스라엘을 이집트에서 구원하셨다는 신앙을 갖는 것이다. 이스라엘의 신앙은 이렇게 국가적으로 전수되었다. 다른 하나는 개인적인 신앙고백 속에 나타난다. 가나안 땅에서 첫 열매를 수확한 예배자는 중앙 성소로 나아가서 하나님께 예물을 드린다. 이때 예배자는 하나님이 가나안 땅을 주셨다는 것과 하나님이 이집트에서 이스라엘을 구원하신 것을 고백해야 한다. 이렇게 출애굽은 이스라엘 신앙의 근간과 핵심을 이루어 국가적으로 그리고 개인적으로 전수되었다. 무엇보다도 이것이 법으로 제정되었다는 점에 주의를 기울여야 한다. 법은 국가적인 성향을 띠기 때문이다.

09
선택[160]

    이스라엘 역사에 있어서 선택 사상은 아무리 강조해도 지나치지 않는다. 선택은 하나님의 선택된 백성이라는 신분을 표현한다. 독특하게 이스라엘은 이 세상의 많은 백성 가운데 유일하게 선별된 하나님의 백성이라는 자기 정체성을 가지고 있었다. 존 브라이트는 "선택에 관하여는, 우리는 이스라엘의 역사 속에서 이스라엘이 아도나이의 선택된 백성이었다고 믿지 않았던 때를 발견할 수 없다,"고 지적한다.[161] 저명한 구약 신학자인 아이호로트는 이스라엘의 종교는, 비록 그는 "언약"에 더 많은 무게를 두었지만, 두 단어 "언약"과 "선택"으로 이해할 수 있다고 주장한다.[162] 그는 그의 구약 신학에서 "언약 사상을 통하여, 이스라엘의 종교는 선택종교로 날인되었다. 사람이 이 표현을 자연종교의 반대로 신적 선택의 의미로 이해할 때,"라고

---

[160] 이 부분은 김영욱, "신명기의 선택 신학," 『신학지남』 334 (2018), 63-82에서 가져와 수정하고 보완한 것이다.

[161] J. Bright, *A History of Israel* (Philadelphia, 1981), 144.

[162] W. Eichrodt, "Review of A Guide to the Understanding of the Bible, by H. E. Fosdick," *JBL* 65 (1946), 207.

말한다.¹⁶³ 그러므로 선택 사상을 이해하는 것은 구약의 핵심 신학 가운데 하나로 나아가는 것이다.¹⁶⁴ 무어는 "선택으로 이스라엘이 땅의 모든 백성 가운데 홀로 아도나이의 백성이 되었다는 것은 이스라엘의 영광스러운 특권이다. 그러나 이것은 또한 특별함과 무거운 의무를 부과한다,"고 이스라엘의 책임을 지적한다.¹⁶⁵

선택 사상의 핵심 단어는 히브리어 동사 '바하르'((בחר)이다.¹⁶⁶ 그런데 이 동사는 구약의 책들 가운데 신명기에서 가장 많이 사용되었다(전체 146회 가운데 신명기 31회).¹⁶⁷ 통계가 보여주듯이 신명기는 다른 책들보다 선택 사상을 중요하게 다루고 있다.

1. 동사 '바하르'(בחר)

위에서 언급했듯이 '바하르'(בחר)는 구약 전체에서 146회가 사용되었다. 이 가운데 신명기에 31회, 역대기 상하에 21회, 이사야에 20회, 사무엘 상하에 17회, 열왕기 상하에 14회, 시편에 13회가 나타난다.¹⁶⁸ 사무엘과 열왕기를 합하면 31회로 신명기와 같지만, 단일 책으로는 단연 신명기에서 '바하르' 동사의 사용이 두드러진다.

---

163 W. Eichrodt, *Theologie des Alten Testaments*, teil 1 (Göttingen, 1968), 14.
164 프라이쓰는 선택 사상이 구약의 중심이라고 주장한다. H. D. Preu, *Theologie des Alten Testaments 1* (Stuttgart, 1991). ----, "Exodus and Election," in *Old Testament Theology*, ed., Ben C. Ollenburger (Eisenbrauns, 2004), 286-303.
165 G. F. Moore, *Judaism In the First Centuries of the Christian Era*, vol. 1 (Cambridge, 1966), 220.
166 다음의 글들을 참고하라. G. E. Mendenhall, "Election," *The Interpreter's Dictionary of the Bible II* (Nashville, 1962), 76-82; *TWAT I*, 592-608; Th. C. Vriezen, *De Verkiezing van Israel volgens het Oude Testament* (Amsterdam, 1974) 22-33.
167 *THAT I*, 277.
168 그 외에, 창 2회, 출 2회, 민 3회, 수 4회, 삿 2회, 렘 1회, 겔 1회, 학 1회, 슥 3회, 욥 7회, 잠 2회, 느 2회이다. *THAT I*, 277.

신명기에서 사용된 동사 '바하르'는 전부 칼형으로 '고르다,' '선정하다,' '뽑다'의 의미이다. 31회를 분석해 보면 다음과 같다.

1) 아도나이께서 이스라엘을 하나님의 백성으로 선택하셨다는 것이 5회(신 4:37; 7:6, 7; 10:15; 14:2) 나온다.
2) 약속의 땅 가나안 가운데서 하나님이 선택하실 장소를 나타내는데 10회 나오고(12:5, 11, 14, 18, 21, 26; 14:23, 24, 25; 15:20) 이스라엘의 삼대 절기인 유월절, 칠칠절 그리고 초막절을 하나님이 선택하실 장소에서 지키라고 하는 것이 6회 나오고(16:2, 6, 7, 11, 15, 16) 여기에 매 칠 년 초막절에 하나님이 선택하실 장소에서 율법을 낭독하라는 명령이 1번 더 나온다(31:11). 재판장소로 하나님이 선택하실 장소가 2회(17:8, 10) 그리고 가나안 땅의 첫 소산을 드리는 하나님이 선택하실 장소로 1회(26:2) 나온다. 제사장이 서원한 것을 지키기 위해 하나님이 선택하실 장소로 올라갈 수 있다는 것이 1회(18:6) 나온다. 위의 분석에 따르면 아도나이께서 약속의 땅에서 선택하실 장소로 총 21회 사용되었다.
3) 아도나이께서 제사장을 선택하셨다는 것이 2회 사용되었다(18:5; 21:5).
4) 이스라엘은 아도나이께서 선택하신 자를 왕으로 세워야 한다(17:14).
5) 도망한 종은 살기 위하여 한 성을 선택할 수 있다(23:16).
6) 그 외의 사용을 살펴보면 이스라엘은 하나님이 두신 생명과 사망 그리고 복과 저주 가운데 생명을 선택해야 한다(30:19).

위의 분석에서 1)부터 4)까지의 주어는 아도나이 하나님이며 5)는 종 그리고 6)은 이스라엘로 선택의 주체가 다르다는 것을 염두에 두어야 한다. 우리의 관심은 동사 '바하르'의 주체가 아도나이 하나님인 본문이다. 위의 분석에서 동사 '바하르'의 가장 많은 사용은 아도나이께서 약속의 땅에서 선택하실 장소로 나온다. 31회 가운데 21회이다. 신명기는 아도나이께서 이스라엘에게 가나안 땅을 선물로 주실 것을 강조한다. 그런데 그 땅 가운데는 아도나이께서 선택하실 특별한 장소가 있다는 것이다. 그 다음으로 중요한 것은 아도나이께서 이스라엘을 하나님의 백성으로 선택하셨다는 사실이다. 그리고 아도나이는 자신을 섬기는 종으로 제사장과 왕을 선택하신다.

2. 이스라엘의 선택

하나님은 역사 속에서 자신의 계획을 행하기 위하여 사람을 부르고 선택하신다. 하나님은 아브라함을(느 9:7),[169] 모세를(시 106:23),[170] 아론(시 105:26), 다윗(시 78:70) 그리고 스룹바벨(학 2:23)을 선택하신다. 하나님은 개인을 선택하실 뿐만 아니라 한 집안 엘리 집(삼상 2:28)과 한 지파 레위(대상 15:2; 대하 29:11)를 선택하신다. 더 나아가 하나님은 이스라엘을 자신의 백성으로 선택하셨다.

> 그가 너의 조상들을 사랑했기 때문에 그가 그 후에 그의 씨를 선택했고 그가 그의 얼굴과 그의 큰 능력으로 너를 이집트에서 데려왔다(신 4:37).

이 구절은 신명기 4장 36절부터 40절에 속하는 것으로 하나님의 큰일, 출애굽 사건과 시내산 사건(신 4:32-35)에 대한 이스라엘의 책임을 말하는 부분이다. 하나님은 이스라엘을 선택하신 이유를 설명하는데, "그가 너의 조상들을 사랑했기 때문에" 하고 말한다. 여기서 조상들은 아브라함, 이삭, 야곱을 의미한다. 이스라엘의 조상들에 대한 하나님의 사랑이 "그의 씨를" 선

---

[169] 아브라함의 경우 하나님이 그를 부르신 본문에서 선택이라는 용어는 나오지 않는다(창 12:1-4). 이것을 보면 선택이라는 행위 자체는 이미 존재했지만, 선택이라는 용어는 후대에 사용되었음을 알 수 있다.
[170] 모세 역시 하나님이 그를 부르시는 장면, 불타는 가시나무에서 선택이라는 용어가 나오지 않는다(출 3장).

택한 것으로 나타난다. "그의 씨"[171]는 '그의 후손'으로 이스라엘을 의미한다.

그렇다면 하나님의 선택은 어떻게 나타났는가? 하나님의 선택은 이스라엘을 이집트에서 나오게 함으로 나타났다. 출애굽 사건이 하나님의 선택 사건이다. 이스라엘의 출애굽을 다루는 출애굽기 본문에는 하나님이 이스라엘을 선택하셨다는 표현이 나오지 않는다.[172] 하지만 선택 사건과 사상은 이미 존재하고 있었다. 하나님은 "그의 얼굴과 그의 큰 능력으로" 이스라엘을 "데려왔다."고 말한다. 히브리어 '야차'(יצא)는 '나오다,'의 히필형으로 '나오게 하다,' '끌어내다,'는 뜻이다. 구약의 구원 사건인 출애굽을 표현하는 중요한 동사들 가운데 하나이다. 이것은 어떤 중재자도 없이 하나님이 직접 이스라엘을 구원했다는 것이다.[173] 하나님이 이스라엘을 왜 선택했는지를 더 자세하게 알려주는 본문은 신명기 7장 6-7절이다.

> 왜냐하면 너는 아도나이 너의 하나님에게 거룩한 백성이기 때문이다. 아도나이 너의 하나님이 너를 선택하셨다. 그에게 보배로운 백성이 되도록, 지면 위에 있는 모든 백성들로부터. 모든 백성들보다 너희 숫자가 많기 때문이 아니다. 아도나이는 너희에게 달라붙어 있었다. 그리고 그가 너희를 선택하셨다. 왜냐하면 너희는 모든 백성들 중에서 가장 적기 때문이다(신 7:6-7).

이 본문은 선택신학을 위해서 학자들에 의해 더 중요하게 다뤄지는 표준적인 본문이다. 우선 6절의 "왜냐하면"은 앞 절들과 관련이 있다. 신명기 7장 1-5절은 가나안 민족들과 그들의 종교를 진멸하라는 명령이다.[174] 왜 이

---

[171] 히브리어 마소라 사본은 단수인 데 반하여 사마리아 오경, 헬라어 70인 역, 아람어 성경 탈굼 옹켈로스와 탈굼 네오피티, 시리아 역 그리고 벌게이트는 3인칭 복수 "그들의"이다.
[172] 출애굽기에는 동사 '바하르'가 17:9 그리고 18:25에 두 번 나온다. 하지만 이 두 번은 모두 이스라엘의 선택과 관련이 없이 사용되었다.
[173] C. J. Labuschagne, *Deuteronomium* IA, 294; M. Weinfeld, *Deuteronmy 1-11* , 214.
[174] 이것은 "헤렘 전쟁"을 의미한다. 김영욱, 『신명기』 I, 445-446.

스라엘이 가나안 민족과 종교를 파괴해야 하는지를 접속사 "왜냐하면"이 설명한다. 이스라엘은 "너의 하나님에게 거룩한 백성이기 때문이다." 거룩한 백성[175]은 앞에 나오는 가나안의 일곱 민족과(신 7:1) 대조를 이루며 하나님이 구별한 백성이다.

하나님께서 이스라엘을 모든 백성으로부터 "보배로운 백성이 되도록" 선택하셨다. 하나님에 대한 이스라엘 백성의 신분과 지위를 보여준다.[176] 하나님의 특별하고 독특한 백성, 마치 개인의 보물처럼 아도나이의 개인적인 백성이 되도록 선정된 것이다.[177] 하나님의 선택의 목적을 잘 보여준다. 이어서 7절은 하나님께서 이스라엘을 선택하신 이유를 설명한다. 위의 번역을 다시 이해하기 쉽게 말하면 '아도나이께서 너희에게 붙어 계시며[178] 너희를 선택하신 것은[179] 너희가 다른 어떤 백성들보다 숫자가 많기 때문이 아니다. 왜냐하면 너희는 모든 백성들 중에서 가장 적기 때문이다.'는 뜻이다. 하나님이 이스라엘을 선택하신 이유는 이스라엘의 숫자가 많기 때문이 아니다. 오히려 이스라엘은 숫자가 적었다. 하나님이 이스라엘을 선택하신 이유는 다음 구절 8절에서 더 자세하게 나온다. 8절에 따르면,[180] 아도나이께서 첫째, 이스라엘을 사랑하셨기 때문이다. 둘째, 아도나이께서 이스라엘의 조상들에게 하셨던 맹세를 지키기 위해서이다. 여기서 다시 하나님은 출애굽을

---

[175] "거룩한 백성"은 시내산 언약을 말하는 출애굽기 19:6의 "거룩한 민족"과 유사하다. 이스라엘이 "거룩한 민족"이 되기 위해서는 언약을 지켜야 하는 조건이 있다. 하지만 신명기 7:6의 "거룩한 백성"은 선언적이다.

[176] M. Weinfeld, *Deuteronmy 1-11*, 359.

[177] C. J. Labuschagne, *Deuteronomium* IB, 116; J. H. Tigay, *Deuteronomy*, 87.

[178] "달라붙어 있었다"는 '부착하다,' '연합하다'의 뜻이다. 여기서 비유적인 표현으로 '사랑하다,' '기뻐하다'의 뜻이 나온다. 개역 개정은 "여호와께서 너희를 기뻐하시고"로 번역했다.

[179] 70인경은 두 동사 "달라붙어 있었다,"와 "선택하셨다,"을 "선호했다,"와 "선택했다," (προείλατο καὶ ἐξελέξατο)로 번역한다. 베버는 이 동사들이 거의 동의어라고 말한다. J. W. Wevers, *Notes on the Greek Text of Deuteronomy* (Georgia, 1995), 131.

[180] 8절을 번역해 보면 다음과 같다. "그러나 아도나이는 너희를 사랑하기 때문에 그리고 그가 너희 조상들에게 맹세했던 그 맹세를 지키는 것 때문에 아도나이는 너희를 강한 손으로 데리고 나왔다. 그리고 그는 노예들의 집으로부터, 이집트의 왕 바로의 손으로부터 너를 구해냈다."

통하여 이스라엘을 그의 백성으로 선택하셨다고 말한다.

> 아도나이는 오직 너의 조상들을 기뻐하셨다, 그들을 사랑하기를, 그리고 그가 그들 후에 그들의 씨를 선택하셨다. 모든 백성들로부터 너희를, 이 날과 같이(신 10:15).

이 구절 역시 아도나이께서 이스라엘을 선택하신 이유를 설명한다. 아도나이는 이스라엘의 조상들, 아브라함과 이삭과 야곱을 사랑하기를 기뻐하셨다. 그 결과로 하나님은 모든 백성으로부터 이스라엘을 선택하셨다.

위의 세 본문에서 우리가 알 수 있는 사실은 아도나이께서 이스라엘의 조상들을 사랑하셨다는 사실이다. 아도나이는 이스라엘의 조상들에게 하신 약속을 지키기 위하여 그들을 이집트에서 구원하셨다. 출애굽은 이스라엘을 모든 백성 가운데서 하나님의 백성으로 선택한 구원 사건이다. 이로 인하여 이스라엘은 하나님의 거룩한 백성이 되었다.

3. 선택하실 장소

특이하게도 신명기는 하나님이 가나안 땅 안에서 선택하실 장소에 대하여 가장 많은 관심을 보인다. 이것은 위의 분석에서 동사 '바하르'의 사용 횟수로 알 수 있다. 이 장소는 이스라엘 지파들이 받은 기업의 땅 가운데서 선정한 곳이며 이스라엘의 모든 지파의 사람들이 아도나이께 드릴 제물을 가져와야 할 장소이다. 모든 이스라엘 백성들이 이 장소에 모여서 절기를 지켜야 한다. 그래서 이 장소는 이스라엘의 모든 예배가 집중되는 곳이다. 이 장소를 중앙 성소라고 부른다. 하나님이 선택할 '그 장소'는 관계 대명사로 인도된 동사 '그가 선택할 것이다'로 나온다. '그가 선택하실 그 장소'(המקום אשר יבחר)는 무려 20회 그리고 지시 대명사가 들어가서 '그가 선택하실 그 장소'(המקום ההוא אשר יבחר)는 한 번 나온다(신 17:10).

예배 장소

아도나이께서 선택하실 장소는 신명기 12장에 많이 나온다. 신명기 12장은 두 부분으로 나눌 수 있는데, 1-28절은 하나님이 선택하실 장소에 대해서 그리고 29-32절은 가나안 민족의 제의를 본받지 말아야 할 것을 말한다. 하나님이 선택하실 장소는 가나안 땅에서 한 곳이다. 그러나 가나안 민족들이 그들의 신들을 섬기는 장소는 여러 곳으로, 높은 산들, 산지들, 모든 푸른 나무 아래로 나온다. 가나안 민족들이 그들의 신들을 섬기는 장소는 그들의 마음에 드는 장소이다. 장소에 구애받지 않는다. 그러나 이스라엘은 그렇게 해서는 안 된다. 하나님이 선택하신 한 장소에서만 예배를 드려야 한다.

12장에서 동사 '선택하다,'는 6번 나오는데,[181] 먼저 12장 5절에서 하나님이 그 장소를 선택하시는 목적을 두 개의 칼 부정사 연계형이 잘 보여준다.

> 그러나 너희의 하나님 아도나이께서 너희의 모든 지파들로부터 선택하시는 그 장소에, 그의 이름을 그곳에 두기 위하여, 그의 거주지에 너희는 찾아가야 하며 너는 거기에 가야 한다(신 12:5).

첫 번째는 "그의 이름을 그곳에 두기 위하여"[182]이다(12:5, 11, 21). 그 이름은 "너희의 하나님 아도나이"이다. 그의 이름을 둔다는 것은 그 땅에 대한 아도나이의 소유권과 아도나이께서 함께 하신다는 것을 의미한다. 또한 아

---

[181] 닐슨은 신명기 12장에 중앙 성소에 관한 3가지의 다른 형식이 나온다고 지적한다. 첫째는 14절(18, 26절 비교), 둘째는 21절(5절 비교) 그리고 셋째는 11절이다. E. Nielsen, *Deuteronomium* (Tübingen, 1995), 137.

[182] 70인경은 "그의 이름을 그곳에 명명하기 위하여"로 그리고 탈굼 옹켈로스와 탈굼 프쉬도 요나단은 "그의 세키나(임재)를 그곳에 두기 위하여"(탈굼 네오피티는 "그의 세키나의 영광을")로 번역한다.

도나이의 통치와 지배를 보여주기도 한다. 하나님께서 그의 이름을 두시는 곳은 두 번째 칼 부정사 연계형 "그의 거주지에"[183]이다. 하나님이 선택하는 장소는 그의 이름이 있는 곳인 동시에 그가 거하는 곳이다.

하나님은 이스라엘에게 기업으로 주신 땅에서, 모든 지파로부터 한 장소를 선정한다. 그리고 모든 이스라엘 백성들은 이곳으로 나와서 예배해야 하는데, 번제, 희생, 십일조, 예물, 서원 제물, 자유의지 제물, 양과 소의 첫 것을 가지고 와야 한다(12:5-6, 11, 26). 이스라엘 각 지파의 사람들이 예물을 가지고 한 장소로 모이는 것이다.

> 그리고 아도나이 너희의 하나님이 선택할 그 장소가 있을 것이다. 그의 이름을 그곳에 거주하게 하기 위하여, 그곳으로 너희는 내가 너희에게 명령하는 모든 것을 가져갈 것이다. 너희의 번제들과 너희의 희생들, 너희의 십일조들과 너희의 손의 예물을 그리고 너희가 아도나이께 서원한 너희 서원 제물들의 모든 선택한 것을(신 12:11).

이러한 명령은 가나안 제의와 대조를 이룬다. 왜냐하면 가나안 민족들은 그들의 눈에 보기 좋은 아무 장소, 높은 산이나 작은 산이나 푸른 나무 아래에서 희생제사를 드렸기 때문이다(12:2).[184] 그러나 모세는 이스라엘이 보기에 좋은 아무 장소에서 번제를 드리지 말고 하나님께서 선택하신 장소에서만 번제를 드릴 것을 명령한다(12:13-14). 이곳에 와서 번제를 드리고 그들이 가져온 제물을 먹을 수 있다(12:18).

특별히 이스라엘 백성은 매년 십일조를 선택하신 장소로 가져가야 한다.[185] 그런데 예배자에게 그 장소가 너무 멀면, 예배자는 그 십일조를 돈으

---

[183] 아람어 성경들(탈굼 옹켈로스, 탈굼 네오피티, 탈굼 프쉬도 요나단)은 "그의 세키나의 집"으로 번역하는데, 이것은 예루살렘 성전을 뜻한다.
[184] P. C. Craigie, *The Book of Deuteronomy*, 217.
[185] 매년 십일조는 삼 년 십일조와 다르다. 매년 드리는 십일조는 중앙 성소로 가져가야 하지만 삼

로 바꾸어 가지고 갈 수 있다(신 14:23-25).

절기의 장소

하나님이 선택하는 곳은 예배의 장소임이 틀림없다. 이 예배에는 이스라엘이 절기를 지키는 것을 포함한다. 이스라엘이 지켜야 할 삼대 절기가 있는데, 이 절기는 모두 하나님이 선택한 장소에서 지켜야 한다. 신명기 16장은 이스라엘이 지켜야 할 삼대 절기, 유월절, 칠칠절, 초막절을 말하고 있다. 이 세 절기는 모두 아도나이께서 선택하시는 장소에서 지켜야 한다. 이 장소는 아도나이께서 "그의 이름을 두기 위하여" 선택하신 장소이다(16:2, 11). 이 장소로 나오는 사람들은 빈손으로 나올 수 없다(16:16). 특별히 매 칠 년 면제년의 초막절에는 이 장소에서 모든 이스라엘 사람 앞에서 율법을 읽어야 한다(31:11). 여기에 덧붙일 수 있는 것은 이스라엘이 가나안 땅을 정복하고 정착하고 살 때, 그 땅의 모든 열매의 첫 것을 가지고 아도나이께서 그의 이름을 두시려고 선택한 장소로 나아가야 한다(26:2). 그곳에서 예배자는 제사장께 예물을 드리고 하나님께서 이스라엘을 구원하신 역사를 짧게 고백한다. 이 역사는 족장사부터 이집트 이주 역사, 출애굽 그리고 가나안 땅 정복과 정착까지 포함한다(26:5-9).[186]

재판의 장소

아도나이께서 선택하실 곳은 재판의 장소로도 사용되었다. 이스라엘의 사법 구조는 각 지파마다 지방에 법원이 있어서 그곳에 재판관들이 있었다(신 16:18). 각 성에서 판결하기 어려운 사건은 아도나이께서 선택하실 장소

년 십일조는 예배자가 사는 성읍에서 가난한 사람들과 먹을 수 있다(신 14:28-29). 탈굼 네오피티는 이것을 "가난한 자의 십일조의 해"라고 설명한다.

186 폰 라드는 이것을 "작은 역사적 신앙고백"(Das kleine geschichtliche Crede) 또는 "구속사"(Heilsgeschichte)라고 불렀다. G. von Rad, "Das formgeschichtliche Problem des Hexateuch," 11-16.

로 가져갈 수 있었는데 이곳이 고등법원의 역할을 한 것이다(신 17:8). 이곳에 레위 지파의 제사장들과 재판관들이 율법을 따라 재판하였다(신 17:10-11).

이 장소는 어디인가?

신명기는 가나안 땅에 아도나이께서 선택하실 한 장소가 있다고 말한다. 그 장소의 가장 중요한 기능은 예배의 장소이다. 온 이스라엘 지파의 백성이 그 장소로 나아와 번제와 다른 제사를 드려야 했다. 그렇다면 이 장소는 구체적으로 어디인가 하는 질문이 나온다. 하지만 신명기는 이 장소의 구체적인 지명을 밝히지 않는다.

위의 분석에 따르면 가나안 땅에서 아도나이께서 선택하실 장소는 아도나이께서 거하시는 곳이며 이름을 두시는 곳이며 예배하는 곳이다. 아도나이께서는 언약궤 위에 임재하셨기 때문에 언약궤가 머무는 곳이 이스라엘의 성지가 될 가능성이 크다.[187] 따라서 우리는 가장 먼저 언약궤를 추적해 볼 수 있다. 하지만 언약궤는 이동이 자유롭다는 사실을 염두에 두어야 한다. 언약궤의 이동성 때문에 언약궤가 머무는 모든 곳이 임시 성소는 될 수 있지만, 그곳이 다 아도나이께서 선택한 장소가 되지는 않았다.

그러므로 그 장소는 언약궤가 머무는 곳인 동시에 아도나이께서 선택한 장소라는 표현이 나와야 한다. 신명기 이후에 "그가 선택할 그 장소"라는 표현은 여호수아 9장 27절에 나온다. 이 구절은 기브온 거민과 이스라엘이 조약을 맺은 본문에서 나온다. 가나안 땅의 기브온 주민들이 이스라엘에서 멀리 떨어진 나라에서 왔다고[188] 속여서 이스라엘과 조약을 맺었다. 그래서 이들은 아도나이께서 선택하실 장소에서 아도나이의 제단을 위하여 나무를 패며 물을 긷는 일을 하게 되었다. 그런데 여기서도 이 장소가 어디인지 구체적인 지명은 나오지 않는다. 하지만 단서는 있다. 기브온 주민들이 아도나

---

[187] P. C. Craigie, *The Book of Deuteronomy*, 217.
[188] 기브온 주민들이 계속 "먼 나라," "먼 곳"에서 왔다(수 9:6, 9, 22)고 강조하는 것을 보면 이들은 이스라엘의 전쟁법(신 20:10-15)을 알고 왔을 것이다.

이의 제단에서 봉사했기 때문에 이 시대에 아도나이의 제단이 어디 있었는지를 살펴보면 된다. 이 당시에 회막은 실로에 있었다(수 18:1; 19:51). 이곳에서 이스라엘은 가나안 땅을 분배하였다. 회막이 있는 곳에 당연히 아도나이의 궤와 제단이 있었을 것이라고 추측할 수 있다. 실로는 이스라엘의 첫 중앙 성소였다. 이곳에 하나님의 집이 있었고(삿 18:31) 아도나이의 절기가 거행되었다(삿 21:19). 하지만 실로는 제사장 엘리의 두 아들인 홉니와 비느하스의 범죄로 인하여 블레셋에 의하여 파괴당했다. 법궤는 블레셋에 의해 포로로 잡혀갔었다. 그 이후 법궤는 블레셋 지역에서 다시 이스라엘로 돌아왔다.[189]

이후에 법궤는 이곳, 저곳으로 이동하였고 다윗이 법궤를 찾아 시온으로 가져왔다. 다윗은 법궤를 위하여 장막을 준비하여 안치하였다(삼하 6:17). 그리고 다윗이 인구조사로 인하여 하나님께 죄를 범하여 전염병이라는 하나님의 심판이 있었다. 다윗이 여부스 사람 오르난의 타작 마당에서 번제와 화목제를 드리자 하늘에서 불이 떨어졌고 하나님의 심판이 멈췄다. 이것을 본 다윗은 이곳을 하나님의 싱진 디로 삼았다(대상 22:1). 후에 솔로몬은 이곳에 성전을 짓고 법궤를 가져왔다. 성전 봉헌식에서 솔로몬은 "주께서 택하신 성읍"[190]이라고 선언한다(왕상 8:44, 48). 후에 하나님도 이곳을 "내가 택한 예루살렘"이라고 인정하신다(왕상 11:13). 후에 아히야 선지자도 "이스라엘 모든 지파 중에서 택한 성읍 예루살렘"이라고 말한다(왕상 11:32). 열왕기 기자도 "여호와께서 자기 이름을 두시려고 이스라엘 모든 지파 가운데서 택하신 성읍 예루살렘"이라고 명확하게 말한다(왕상 14:21).[191]

위의 증거들을 볼 때, 이스라엘 역사에서 하나님이 선택한 장소는 두 곳

---

[189] 이스라엘 역사에서 법궤가 머문 곳은 다음과 같다. 길갈(수 4:19), 실로(수 18:; 19:51), 벧엘(삿 20:26-27), 벧세메스(삼상 6:20-21), 기럇여아림(삼상 7:2), 예루살렘(삼하 6:17). 이 외에도 법궤는 블레셋 지역에서 아스돗(삼상 5:3), 가드(삼상 5:8), 에그론(삼상 5:10)에 잠시 머물렀다.
[190] 히브리어는 "당신이 선택한 그 성읍"이다.
[191] S. R. Driver, *Deuteronomy* (Edinburgh, 1978), 140.

실로와 예루살렘이다.192 이것은 유다가 망할 때, 마지막 선지자였던 예레미야의 말에서도 확인할 수 있다. 예레미야는 그 유명한 성전 설교에서 예루살렘의 멸망을 예언한다(렘 7장). 그는 실로를 지명하여 "내가 처음으로 내 이름을 둔 처소 실로"라고 명하며(렘 7:12)193 실로가 파괴된 것 같이 예루살렘도 파괴될 것을 예언한다(렘 7:14).

4. 제사장과 왕

우리는 위에서 하나님께서 이스라엘을 하나님의 백성으로 선택하시고 약속의 땅에서 한 장소를 선택하신다는 것을 살펴보았다. 이러한 하나님의 선택은 흥미롭게도 제사장과 왕을 선택하신다는 사상과 맥을 같이한다. 하나님은 이스라엘을 하나님의 백성으로 선택하실 뿐만 아니라 하나님은 이스라엘을 다스릴 왕을 선택하신다. 또한 하나님은 가나안 땅에서 한 장소를 선별하실 뿐만 아니라 하나님은 그 장소에서 하나님을 섬길 제사장을 선택하신다.

왕

이스라엘의 주변 국가들은 왕정 제도를 취하고 있었다. 이집트의 왕 바로(출 1:18-19), 헤스본의 왕 시혼(신 2:26), 바산 왕 옥(신 3:1)은 왕정 제도를 보여주고 있다. 그러나 이스라엘에는 왕이 없었다. 하나님은 이스라엘을 출애굽 시킴으로 그의 백성으로 선택하셨다. 그리고 하나님은 시내산에서 이스

---

192 J. Niehaus, "The Central Sanctuary: Where and When?" *TynB* 43 (1992), 17-19; J. A. Thompson, *Deuteronomy*, 41-42. 폰 라드는 중앙 성소가 예루살렘이라는 주장에 대하여 너무 성급한 추정이라고 말한다. 그리고 그는 북 이스라엘의 세겜이나 벧엘일 수 있다는 가능성을 제시한다. G. von Rad, *Das fünfte Buch Mose Deuteronomium* (Göttingen, 1968), 67.

193 J. H. Tigay, *Deuteronomy*, 120.

라엘과 언약을 맺음으로 하나님과 이스라엘 사이의 관계를 확실하게 하셨다. 이 관계는 언약 공식에 - "나는 너의 하나님이 되고 너는 나의 백성이 될 것이다" - 잘 나타난다.[194] 이 언약 공식은 다양한 신학 사상을 연결해 주고 있는데,[195] 우리의 주제와 관련해서 하나님의 백성이라는 표현에서 알 수 있듯이 하나님은 이스라엘의 왕이다.[196] 즉 이스라엘은 인간 왕이 다스리는 왕정 정치가 아니라 하나님이 이스라엘을 통치하는 신정 정치 구조이다. 그런데 모세는 이스라엘이 가나안 땅에 들어가서 살 때, 인간 왕을 세울 수 있다고 예고한다.

이스라엘이 가나안 땅에서 정착하고 살고 왕을 세워야 할 필요성을 느낄 때,[197] 이스라엘은 왕을 세울 수 있다. 그런데 왕정에는 조건이 있다. 이스라

---

194 이 언약 공식은 다양하게 나오는데, 한 부분이 나오는 경우가 있다. 먼저 아도나이는 이스라엘의 하나님이 되실 것을 말하는 유형(창 17:7, 8; 레 11:45; 22:33; 25:38; 26:45; 민 15:41; 겔 34:24)과 이스라엘이 하나님의 백성이 될 것을 말하는 유형(출 19:5; 신 4:20; 7:6; 14:2; 27:9; 28:9; 삼상 12:22; 왕하 11:17; 렘 13:11)이 있다. 이 언약 공식의 두 부분이 다 나오기도 한다 (출 6:7; 레 26:12; 신 26:17~19; 29:13; 삼하 7:24; 렘 7:23; 11:4; 24:7; 30:22; 31:1, 33; 32:38; 겔 11:20; 14:11; 34:30-31; 36:28; 37:23, 2/; 슥 8:8).

195 R. Rendtorff, *Die Bundesformel. Eine exegetisch-theologische Untersuchung* (Stuttgart, 1995), 42.

196 아도나이께서 이스라엘을 통치하신다는 사상은 기드온의 말에서 볼 수 있다. 기드온이 이스라엘을 미디안의 손에서 구원하자 이스라엘이 기드온에게 나와서 이스라엘을 다스려 달라고 요청한다. 그때 기드온은 아도나이께서 이스라엘을 다스린다고 명확하게 말한다(삿 8:23). 아도나이께서 이스라엘의 왕이라는 사상은 사무엘 때에도 나타난다. 사무엘이 늙고 사무엘의 아들들이 이스라엘을 정의롭게 통치하지 못하자 이스라엘의 장로들은 사무엘 선지자에게 나와서 왕을 세워 달라고 요구한다. 사무엘은 이 요구를 못마땅하게 여기고 아도나이께 기도한다. 그 때 아도나이는 이스라엘이 자신을 버려 이스라엘의 왕이 되지 못하게 한다고 말씀하셨다(삼상 8:7). 이스라엘의 이런 요구는 당연히 아도나이와 이스라엘 사이의 언약관계에 위기를 가져왔다. D. J. McCarthy, "The Inauguration of Monarchy in Israel," *Int* 27 (1973), 401-412; Lyle M. Eslinger, *Kingship of God in Crisis. A Close Reading of 1 Samuel 1-12* (Sheffield, 1985), 256-258.

197 이스라엘이 왕을 세우는 것은 필수가 아니라 선택이다. 이것은 신명기 17장 14절의 접속사 키 "~때," "만일 ~면"이 잘 보여준다. 이스라엘이 왕을 세워야 할 필요성을 느낄 때, 이스라엘은 자유롭게 왕을 세울 수 있다. 유대인 번역(TNK)는 이것을 잘 보여주는데, "You shall be free to set a king over yourself, one chosen by the LORD your God"로 번역한다. 주옹-무라오카 역시 "you may freely put"로 번역한다. P. Joüon - T. Muraoka, *A Grammar of Biblical Hebrew* (Roma, 1996), 370.

엘은 자기 마음대로 왕을 세우는 것이 아니라 하나님이 선택한 사람을 왕으로 세워야 한다.[198]

> 너는 반드시 네 위에 왕을 세울 것이다. 너의 하나님 아도나이께서 선택하실 그를, 너의 형제 가운데로부터 너는 너 위에 왕을 세울 것이다. 그가 너의 형제가 아닌 외국인을 너는 네 위에 둘 수 없을 것이다(신 17:15).

이스라엘이 인간 왕을 세우는 데에는 주요 조건이 있다. 하나님이 선택한 사람만을 왕으로 세울 수 있다. 외국인은 이스라엘의 왕이 될 수 없다. 왜냐하면 이스라엘이 가지고 있는 아도나이 신앙과 전통에 대한 선 이해가 없기 때문이다. 이스라엘은 반드시 순수한 이스라엘 사람들 가운데서 한 명을 왕으로 세울 수 있다.[199] 그리고 하나님이 선택한 왕은 해야 할 임무가 있다. 그것은 율법에 순종하는 것이다. 왕이 율법에 순종할 때 그의 왕조가 장구해질 것이다(신 17:18-20). 흥미로운 점은 막강한 권력을 가지고 있는 왕 역시 아도나이의 율법에 순종해야 한다는 사실이다. 아도나이의 율법에는 아도나이의 뜻과 의지가 나타난다. 왕이 율법에 순종해야 한다는 것은 왕 역시 토라의 권위 아래 있어야 한다는 것이다. 왕 역시 이스라엘의 진정한 왕인 아도나이의 권위 아래 복종해야 한다. 왕도 신정 정치의 대리인 가운데 한 사람이라는 사실이다.

---

[198] 하나님의 선택은 어떻게 이루어지는가? 여기에 대하여 칼 델리취는 선지자를 통하여 하나님의 뜻이 나타나지 않으면, 우림과 둠밈을 통하여 하나님의 뜻을 묻는다고 언급하기도 한다. C. F. Keli and F. Delitzsch, *The Pentateuch* (Michigan: Eerdmans, 1983), 385. 역사서에서 보면 하나님의 선택은 선지자의 기름부음을 통해서 나타난다.

[199] 로핑크는 이 사람을 "전형적인 이스라엘 사람"(Musteristraelit)이라고 부른다. N. Lohfink, "Diese Worte sollst du summen," in *Studien zum Deuteronomium und zur deuteronomistischen Literatur III* (Stuttgart, 1995), 181-203.

제사장

하나님은 왕뿐만 아니라 제사장도 선택하신다. 레위 지파와 제사장은 이스라엘 가운데서 기업이 없다. 그들은 아도나이의 화제물과 그의 기업을 받을 수 있다. 아도나이가 그들의 기업이 되시기 때문이다. 제사장은 이스라엘이 세운 사람이 아니다. 왕과 같이 하나님께서 제사장을 세우신다.

> 왜냐하면 너의 하나님 아도나이께서 그를 너의 모든 지파들로부터 선택하셨기 때문이다. 그와 그의 아들들이 모든 날들에 아도나이의 이름으로 섬기도록 서기 위하여(신 18:5).

제사장은 "아도나이의 이름으로 섬기도록" 선택을 받은 사람들이다. 물론 이들은 아도나이께서 선택하신 장소에서 아도나이를 섬겼다. 이들은 또한 중앙 성소에서 율법의 판결을 가르쳐 주기도 했다(신 17:8-12).

5. 신명기와 시편

신명기는 독특하게 한 나라 이스라엘의 선택을 말하며 그 나라 가운데서 하나님이 거하는 장소를 선택하신다는 사실을 말한다. 이것은 하나님이 이스라엘의 왕으로서 그 나라 가운데 그의 거처를 선택한 것을 보여준다. 이러한 사실은 특히 시편에 의해 지지를 받는다. 시편은 하나님이 이스라엘의 왕으로서 예루살렘에 거한다고 선언한다. 예루살렘은 시온으로 다윗 왕이 여부스 족속을 몰아내고 점령한 성이다. 이곳에 솔로몬이 성전을 짓고 법궤를 가져왔다. 하나님은 이곳에서 이스라엘을 다스리신다.

> 시온아 여호와는 영원히 다스리시고 네 하나님은 대대로 통치하시리로다 할렐루야(개역 개정, 시 146:10).

하나님은 시온을 사랑하시며(시 78:68; 87:2) 시온을 선택하셨다(시 78:68). 하나님이 거하시는 장소이다(시 74:2; 135:21). 아도나이는 이스라엘의 왕으로서 시온에 거하신다. 시온산은 큰 왕의 성이다(시 48:1-2). 이곳에서 아도나이는 온 세상을 통치하신다(시 48:3-11; 68:29). 시편에 따르면 예루살렘은 아도나이의 성전이 있는 이스라엘의 중앙 성소였으며 아도나이께서 왕으로서 거하시는 곳이었다.[200]

하나님은 출애굽을 통하여 이스라엘을 하나님의 백성으로 선택했다. 이스라엘은 하나님의 백성으로서 하나님과 언약을 맺었다. 하나님은 자신의 백성을 통치하기 위해 왕을 대리인으로 세우는 것을 허락한다. 이스라엘은 왕을 원할 때, 왕을 세울 수 있다. 하지만 반드시 하나님이 선택한 사람을 왕으로 세워야 한다. 왕은 토라에 순종함으로 토라의 권위 아래 있어야 한다. 그리고 하나님은 이스라엘에게 선물로 주신 땅 가운데서 자신의 성소를 세우신다. 하나님은 이스라엘의 왕으로서 자신이 가나안 땅에서 거하실 처소를 선택하는 것이다. 이곳이 바로 중앙 성소이다. 모든 이스라엘 사람들은 이곳으로 나아와 아도나이께 제사를 드려야 하고 아도나이를 섬겨야 한다. 하나님은 이곳에서 자신을 섬길 제사장을 선택하시는 것을 잊지 않았다. 이것을 보면 신명기에 나타나는 선택 사상은 신정 정치의 구현을 보여준다. 하나님은 신정 정치의 대리인으로 왕과 제사장을 선택하신 것이다. 특이하게 신명기는 하나님이 선택한 한 백성 이스라엘이 유일하신(또는 한) 하나님을 하나님이 선택한 한 장소에서 섬겨야 한다는 사실을 말한다.

---

[200] H. J. Kraus, *Theologie der Psalmen* (Neukirchen-Vluyn, 1979), 88-94.

10
신정 정치[201]

신명기의 법들 가운데 특이한 사실은 이스라엘의 국가 조직을 규정해 놓은 것이다. 이스라엘의 정치 제도와 행정 조직은 신명기 16:18-18:22에 나타난다. 우선 사법 제도로서 각 성에 지파별로 재판장을 둘 것을 말한다. 이는 오늘날의 지방 법원에 해당하며, 그 법정에서 사법 정의가 잘 이루어져야 한다는 것을 강조하고 있다(신 16:18-20). 지방 법원의 상급 기관으로 이스라엘의 최고 재판소는 중앙 성소에 있다. 각 성에서 판결하기 어려운 소송은 이 중앙 성소에 있는 제사장과 재판장에게 나아가서 판결을 받아야 한다. 이는 오늘날의 고등법원에 해당할 수 있다(신 17:8-13). 신명기는 사법 제도를 말한 후에 왕정 제도에 관하여 설명한다. 왕정 제도는 그 당시의 고대 근동의 왕과 다른 임무를 가지고 있다. 왕은 말, 아내, 부를 많이 가져서는 안 되고 오직 율법을 연구해야 하는 순수한 이스라엘 사람이어야 한다(신 17:14-20). 재판장과 왕이 국가 행정을 위한 제도라고 한다면, 종교적인 제도를 위해서 제사장과 레위인에 대한 법(신 18:1-7)과 선지자에 관한 법(신 18:15-22)이 뒤따라 나오고 있다. 이스라엘은 하나님이 다스리는 신정 정치

---

[201] 이 부분은 김영욱, 『신명기 II』 (솔로몬, 2016), 395-497에서 가져와 수정하고 보완한 것이다.

국가로서 사회, 정치, 종교적인 제도가 있다. 이래서 신명기를 이스라엘의 국가 조직을 위한 헌법으로 간주한다.

1. 사법 제도

신명기는 모세가 죽기 전에 모압 땅에서 율법을 설명해 준 것이다(신 1:5). 그렇다면 이 법을 다루는 자들은 누구인가 하는 질문이 나온다. 신명기는 여러 곳에서 이 법을 다루는 자들, 법을 집행하는 자들이 있음을 밝힌다. 신명기에서 사법 조직을 언급하는 곳은 세 곳이다. 하나는 광야이며 다른 두 곳은 가나안 땅에 들어간 후를 말한다.

모세는 이스라엘이 광야에서 생활할 때부터 사법 조직이 있었다고 말한다. 이스라엘은 가나안 땅에 들어가기 전에 사법, 군사적인 조직을 정비한다.[202] 광야에서 이스라엘이 사법 조직을 정비한 이유는 이스라엘의 숫자가 많아졌기 때문에 모세 혼자 이스라엘의 소송 문제를 다룰 수 없기 때문이다.

> 그리고 내가 너희에게 말하였다, 그 때에, 나는 혼자서 너희를 질 수 없다
> (신 1:9).
> 아도나이 너희의 하나님이 너희를 많게 하셨다, 그리고 보라, 오늘 너희가
> 하늘의 별과 같이 많다(신 1:10).

이스라엘의 숫자가 많아져서 모세의 지도력에 한계가 왔다. 이스라엘의 숫자가 하늘의 별과 같이 많다는 것은 하나님이 아브라함에게 하신 약속이

---

[202] 이스라엘의 사법 조직의 정비는 출애굽기 18장과 신명기 1장에 나온다. 출애굽기에서 모세 혼자 이스라엘을 재판하고 있는 모습을 장인 이드로가 보고 모세 혼자 이스라엘을 재판하는 것은 무리라고 말하며 모세를 도와줄 사람들을 세우라고 조언해준다. 하지만 신명기 1장에는 이런 조언이 나오지 않는다. 모세가 과거에 있었던 사법 조직 정비를 현재화하여 출애굽 후세대에게 다시 말해주는 것이다.

성취되었다는 사실을 보여준다. 하나님이 아브라함의 후손을 하늘의 별과 같이 그리고 바닷가의 모래와 같이 많게 해주실 것을 약속했다(창 15:5; 22:17; 26:4; 출 32:13; 신 10:22). 모세는 그 약속이 이루어진 것을 말한다. 숫자가 많아진 이스라엘 내부에서 소송이 끊이지 않았다. 이래서 모세는 고충을 말한다.

> 어떻게 내가 혼자서 너희의 어려움과 너희의 짐과 너희의 다툼을 질 수 있느냐?(신 1:12).

모세는 지도력의 한계와 고충을 질문으로 표현한다. 혼자서 이스라엘 내부에서 일어나는 다툼과 소송을 감당할 수 없다는 답변을 전제한다. 백성 사이에서 일어나는 소송을 해결하기 위해서 모세를 돕는 사람들을 선별한다. 그 선별 기준이 흥미롭게도 세 가지로 나온다.

> 지혜롭고 분별력이 있고 지적인 사람들을 너희를 위해 너희 지파에서 뽑으라, 그러면 내가 그들을 너희의 두령으로 세울 것이다(신 1:13).

지혜가 강조되어 있는데, 지도자의 세 가지 조건은[203] "너희의 어려움과 너희의 짐과 너희의 다툼"을 해결할 자질이다. "두령"은 '머리'로 각 지파의 머리 즉 지도자 또는 장을 의미한다. 모세는 이 조건을 따라 지도자를 임명한다.

> 천들의 지휘관들과 백들의 지휘관들과 오십들의 지휘관들과 십들의 지휘관들 그리고 너희 지파들의 관리들로(신 1:15).

---

[203] 개역 개정은 "지혜와 지식이 있는 인정받는 자들"이다. 출애굽기는 "능력 있는 사람들 곧 하나님을 두려워하며 진실하며 불의한 이익을 미워하는 자"이다(개역 개정, 출 18:21. 개역 성경은 "재덕이 겸전한 자 곧 하나님을 두려워하며 진실무망하며 불의한 이를 미워하는 자"이다).

여기서 "지휘관"은 히브리어 'ㅅ르'(שר)로 '장,' '장관,' '지휘관,' '지도자'의 뜻이며 복수로 나온다. 개역 개정은 "천부장과 백부장과 오십부장과 십부장"으로 단수로 번역했다. 복수에서 알 수 있듯이 천부장이 여러 명이었다는 사실이다. 그런데 천, 백, 오십, 십은 군사 조직 체계이다.[204] 천 명을 통솔하는 지휘관 그리고 백 명을 지휘하는 지휘관이라는 뜻이다. 이들의 임무는 전쟁 시에는 지휘관이지만, 평상시에는 백성의 재판하는 재판관이다. 이들은 재판관으로서 법정 분쟁이 일어났을 때 양쪽의 말을 잘 듣고 판단해야 한다.

> 그리고 내가 너희 재판관들에게 명령했다, 그때 말하기를, 너희 형제들 사이를 들으라 그리고 의로 재판하라 사람과 그의 형제와 그의 체류자 사이를 (신 1:16).

여기서 명령으로 번역된 "들으라,"는 부정사 절대형이지만 명령형으로 번역할 수 있다.[205] "재판하라"는 칼 완료이지만 명령형으로 번역할 수 있다.[206] 모세는 재판관들에게 "의로 재판하라,"고 말한다. 옳게 공정하게 판결하라는 것이다. 사법 정의를 세우라는 명령이다. 사법 정의는 이스라엘 사람이 아닌 체류자에게도 시행되어야 한다. 나그네를 차별하지 말라고 한다. 사회에서 약한 사람을 보호할 것을 명령한다. 이 명령은 계속 이어진다.

> 너희는 재판할 때에 편파적이어서는 안 된다, 너희는 큰 자나 작은 자나 같이 들어야 한다, 너희는 사람의 얼굴을 두려워해서는 안 된다, 왜냐하면 재판은 하나님에게 있기 때문이다. 그리고 너희에게 너무 어려운 사건은 나에

---

[204] R. de Vaux, *Ancient Israel. Its Life and Institutions* (London, 1962), 226.
[205] 다음 현대 역본들이 이런 번역을 취한다. ASV, NIV, NIB, KJV, RSV, ELB, LUT, NBG, SVV.
[206] 명령형으로 번역하는 역본들은 다음과 같다. ASV, NIV, NIB, KJV, RSV, ELB, LUT, NBG, SVV.

게 가져와라, 내가 그것을 들을 것이다(신 1:17).

"의로 재판"하는 것이 무엇인지를 더 구체적으로 말한다. "편파적이어서는 안 된다,"는 '얼굴을 인식해서는 안 된다'이다. 재판할 때, 얼굴을 보지 말라는 것이다(잠 24:23). 권력이 큰 사람이나 작은 사람이나, 재물이 많은 사람이나 적은 사람이나, 사회에서 유명한 사람이나 유명하지 않은 사람이나 그 얼굴을 보지 말라는 의미이다. 신분, 명성, 재물을 보지 말고 공정하게 재판 내용에 집중하라는 것이다. 이렇게 재판의 사안에 집중해야 하는 이유는 재판은 하나님께 속해 있기 때문이다. 여기서 재판관들은 신정 정치의 대리인이라는 사실을 알 수 있다.

천부장, 백부장, 오십부장이 판결하기 어려운 소송은 모세에게 가져갈 수 있다. 모세가 최고 재판관 역할을 하고 있다.

모세는 이스라엘이 가나안 땅에 들어가서도 사법 제도를 잘 유지할 것을 말한다. 국가 조직으로서 사법 조직은 두 곳으로 16장 18절부터 20절까지 그리고 17장 8절부터 13절에 나온다.

먼저 모세는 이스라엘이 가나안 땅에 들어가서 지파마다 재판관과 관리를 둘 것을 명령한다(신 16:18). 이들은 아마 광야에서 지파마다 있었던 천부장, 백부장, 오십부장이 가나안 땅에 들어가서 계속 재판업무를 담당했을 것이다. 이는 지방 법원에 해당한다. 모세는 이들에게도 사법 정의를 명령한다.

그리고 그들은 백성을 공정한 재판으로 재판할 것이다(신 16:18).

"공정한 재판"은 '의의 재판'이다. 공정하고 옳게 판단하라는 것이다. 모세는 "공정한 재판"이 무엇인지를 계속 설명한다.

너는 재판을 굽게 해서는 안 된다, 너는 얼굴을 보아서는 안 된다, 그리고 너는 뇌물을 취해서는 안 된다, 왜냐하면 뇌물은 지혜자들의 눈을 어둡게 만들며 의인들의 말을 왜곡시키기 때문이다(신 16:19).

재판관은 우선 "지혜자"이다. 천부장, 백부장과 오십부장의 자질이 지혜로운 사람이었다. 재판은 우선 소송 당사자들의 말을 잘 들어야 한다. 양쪽의 말을 다 듣고 나서 누가 옳고 틀렸는지를 판단할 지혜가 필요하다(신 1:13). 재판관이 해서는 안 되는 행동은 세 가지로 나온다. 첫째, "재판을 굽게 해서는 안 된다." '벗어나서는 안 된다,' '비틀어서는 안 된다,'는 의미로 재판을 왜곡시키지 말라는 것이다. 둘째, "얼굴을 보아서는 안 된다." 얼굴을 보고 편파적으로 판결하지 말라는 의미이다. 사람의 얼굴을 보고 편견을 갖거나 불공정하게 판단하지 말라는 것이다. 셋째, "뇌물을 취해서는 안 된다." "뇌물"은 '선물'이다. 어느 정도의 선물인지 나오지 않지만, 재판 판결에 영향을 미치는 선물이다. 뇌물을 받으면 재판관의 눈을 가린다. 편파적인 시각으로 재판을 판결할 수 있다. 접속사 "왜냐하면"을 사용해서 뇌물을 금지하는 이유를 말한다. 뇌물이 재판에 가장 큰 영향을 미칠 수 있다. 뇌물은 의인의 증언을 왜곡시킬 수 있다. 모세는 재판관은 공의를 추구해야 할 것을 명령한다.

> 정의, 정의를 너는 추구해야 한다, 네가 살고 너의 하나님 아도나이께서 너에게 주시는 그 땅을 점령하기 위하여(신 16:20).

"정의"는 '의'다. 두 번이나 이 단어를 사용해서 강조한다.[207] "추구해야 한다,"는 '추격하다,' '따르다,'의 뜻이다. 사냥꾼이 사냥감을 추격하듯이 재판관은 정의를 추격해야 한다. 재판관이 사법 정의를 추구해야 하는 이유는 두 가지이다. 첫째는 이스라엘이 살기 위해서이다. 둘째는 가나안 땅에 들어가서 점령하기 위해서이다. 사법 정의는 이스라엘의 생명과 실존을 위한 것

---

[207] 70인경은 "너는 옳게 정의를 추구할 것이다"(δικαίως τὸ δίκαιον διώξῃ)로 번역했다.

이다. 하나님이 이스라엘에게 선물로 주시는 약속의 땅은 사법 정의를 요구하는 땅이다.

사법 조직은 지방 법원과 고등법원으로 나뉜다. 고등법원은 하나님이 선택하실 장소 즉 중앙 성소에 있다. 중앙 성소는 예배의 장소이며 또한 재판의 장소이다.

> 재판을 위한 어떤 문제가 너에게 어려울 때, 피와 피 사이에, 소송과 소송 사이에 그리고 구타와 구타 사이에, 너의 문들 안에 다툼의 문제들, 너는 일어나서 올라갈 것이다. 너의 하나님 아도나이께서 그곳에 선택하실 그 장소로 (신 17:8).

지방 법원에서 판결하기 어려운 문제가 생겼을 경우를 말한다. 살인 사건이나 폭행 사건이 일어나 지방 법원에서 결정하기 어려운 소송은 중앙 성소로 가져간다. 이곳에 레위 사람의 제사장과 재판관이 있기 때문이다. 이들은 율법에 근거하여 판결을 내린다. 이들이 내리는 판결은 권위가 있다. 이스라엘 사람들이 듣고 순종해야 한다. 만일 순종하지 않으면, 불순종한 사람을 죽여서 제거할 수 있다(신 17:12). 고등법원의 판결에 권위를 부여한다.

2. 왕정 제도

모세는 사법 제도를 다룬 후에 왕정 제도를 설명한다. 신명기 17장 14절부터 20절은 이스라엘의 왕권을 다룬다. 모세오경에서 왕권 사상이라는 주제를 다루고 있는 유일한 법전이다. 이상적인 왕과 그의 이상적인 왕권 사상을 다루는 짧고도 매우 흥미로운 본문이다. 이 본문은 이상적인 왕의 조건, 그가 지켜야 할 행동 양식, 그리고 왕의 임무를 말한다.

네가 너의 하나님 아도나이께서 너에게 주시는 그 땅에 들어갈 때, 그리고 네가 그것을 점령하고 그 안에 거주할 것이다, 그리고 너는 말할 것이다, 내가 한 왕을 내 위에 세울 것이다, 내 주위에 있는 모든 민족들 같이(신 17:14).

여기서 "~때"(כי)는 '~면'으로도 번역할 수 있다. 70인경이 이렇게 번역한다. 이스라엘이 가나안 땅에 들어가 살 때를 가정하고 있다. 이스라엘이 "내가 한 왕을 내 위에 세울 것이다"하고 말한다. 이는 왕정의 필요성을 느끼는 것이다. 왕은 인간 왕을 의미한다. 이스라엘 주변 국가들은 다 왕정 체제이다. 이집트의 바로 왕, 헤스본의 왕 시혼, 바산 왕 옥에서 알 수 있다. 하지만 이스라엘은 신정 국가 체제이다. 시내산에서 이스라엘은 하나님과 언약을 체결하고 하나님의 백성이 되었다. 하나님의 백성이라는 표현에서 알 수 있듯이 이스라엘의 하나님 아도나이가 왕이다. 그런데 이스라엘이 가나안 땅에 살면서 인간 왕의 필요성을 느낀 것이다. 모세는 왕정의 필요성을 인정한다.

너는 반드시 네 위에 왕을 세울 것이다, 너의 하나님 아도나이께서 선택하실 그를, 너의 형제 가운데로부터 너는 너 위에 왕을 세울 것이다, 그가 너의 형제가 아닌 외국인을 너는 네 위에 둘 수 없을 것이다(신 17:15).

이스라엘에게 왕정 제도는 필수가 아니라 하나의 가능성으로 나타난다. 이스라엘이 가나안 땅을 점령하고 살 때, 그들이 왕을 세우기를 원한다면 그들은 왕을 세울 수 있다. 왕을 세우는 것은 의무가 아니라 하나의 가능성이다.[208]

---

[208] 유대인의 번역 성서인 JPS Torah의 15절 번역은 이것을 잘 보여준다: "you shall be free to set a king over yourself, one chosen by the LORD your God. Be sure to set as king over yourself one of your own people." 또한 쥬옹 다음과 같이 번역한다: "you may freely put." P. Joüon-T. Muraoka, *A Grammar of Biblical Hebrew. Part Three: Syntax* (Roma, 1996), 370. 다음의 글들 역시 참고하라. S. D. McBride, "Polity of the Covenant People," in

이스라엘이 왕을 세우고 싶다고 해서 아무나 왕으로 세울 수 있는 것은 아니다. 주요 조건은 하나님이 선택한 사람만이 이스라엘에서 왕이 될 수 있다. 이상적인 왕은 아도나이 너의 하나님이 선택한 사람이다. 이 선택 사상은 이스라엘 역사 이해에 중요하다. 이스라엘의 초기 왕들, 사울과 다윗은 카리스마적인 지도자들로서 하나님이 선택한 왕들이었다. 유다 왕국에서 하나님이 선택한 다윗 왕과 맺은 다윗 언약을 통해서 왕위가 다윗의 후손에게 세습제로 이어졌다(삼하 7장). 하지만 이스라엘 왕국에서는 계속되는 반란으로 하나님에 의해서 선택되지 않은 왕들이 왕 위에 등극했다. 하나님은 이를 인정하지 않았다(호 8:4).

그렇다면 하나님은 어떻게 왕을 선택하시는가? 하나님은 그의 선택을 그의 대리자인 선지자를 통해서 드러내신다. 나크마니데스는 우림의 판단을(민 27:21)²⁰⁹ 그리고 칼은 우림과 둠밈을 언급한다.²¹⁰ 하지만 선택은 선지자의 행위인 기름부음을 통해서 이루어진다. 사울은 사무엘에 의해서(삼상 9:16-17), 다윗도 사무엘에 의해서(삼상 16:1-13), 솔로몬은 제사장 사독과 선지자 나단에 의해서(왕상 1:39,45), 여로보암은 기름부음 없이 아히야에 의해서(왕상 11:29-39), 예후는 엘리사가 보낸 선지자에 의해서(왕하 9:1-13) 왕으로 선택되었다. 기름부음은 그 관련된 사람을 카리스마적인 지도자로 세우는 의식이었다.

또한 이 선택된 사람은 이스라엘의 한 자유 시민이어야 한다.²¹¹ 이스라엘 사람이 아닌 외국인은 이스라엘의 왕이 될 수 없다. 확실히 외국인은 아

A Song of Power and the Power of Song (Indiana, 1993), 62-77(74); M. G. Kline, *Treaty of the Great King* (Grand Rdpids, 1963), 97.

209 Ramban Nachmanides, *Commentary on the Torah. Deuteronomy* (New York, 1976), 208.
210 C. F. Keil, Leviticus. *Numeri und Deuteronomium* (Leipzig, 1870), 493.
211 N. Lohfink, "Diese Worte sollst du summen," in *Studien zum Deuteronomium und zur deuteronomistischen Literatur III* (Stuttgart, 1995), 181-203(195). 로핑크는 이 왕을 전형적인 이스라엘 사람(Musterisraelit)이라고 말한다.

도나이의 거룩한 백성이 아니다. 외국인은 이스라엘의 왕의 후보로서 적절하지 않다. 왜냐하면 그는 이스라엘 공동체에 결속력이 부족하고 이스라엘 공동체의 예배에 관련이 적기 때문이다.

이스라엘에 왕정 제도는 필수적인 것이 아니기 때문에, 왕정 제도의 설립은 조건이 필요하다. 아도나이에 의해 선택된 이스라엘 왕이 준수해야 할 행동 양식들은 3가지로서 부정적인 금지 형식(אל)으로 나타난다.

첫째, 왕은 말을 많이 가져서는 안 된다. 탈굼 프쉬도 요나단은 2마리 이상의 말을 가져서는 안 된다고 말한다. 라시는 왕은 운송을 위해서 충분한 말을 가질 수 있다고 말한다.[212] 말은 고대 전쟁에서 중요한 역할을 했다. 잠언 21장 31절에 따르면, 말은 전쟁의 날을 위해 준비되었다. 고대 전쟁에서 말은 기마 부대로 사용되며 군인들은 말을 전차를 끄는 데 사용한다. 이스라엘 주변의 나라들은 전차들이 있었다. 그래서 말과 전차는 자주 함께 언급된다(출 14:9; 신 20:1; 수 11:4). 이스라엘이 이집트에서 출애굽 할 때, 이스라엘을 공포에 몰아넣은 것은 바로의 말들과 전차들이다(출 14:9, 23; 15:1, 19, 21; 신 11:4). 따라서 많은 말들은 그 왕과 왕국의 강력한 군사력을 의미한다.

그렇다면 왜 많은 말을 가져서는 안 되는가? 구약 신앙의 관점에서 보면, 말은 환영 받지 못하는 동물이다. 왜냐하면 말과 전차는 인간의 힘, 권세와 자랑의 상징이기 때문이다. 그래서 여호수아는 전쟁에서 사로잡은 말 뒷발의 힘줄을 끊고 전차들을 불살랐다(수 11:6,9; 참고 삼하 8:4).

둘째, 아내를 많이 두어서는 안 된다. 탈굼 프쉬도 요나단은 18명 이상은 안 된다고 말한다. 이스라엘 왕들은 많은 후궁과 아내들을 가지고 있었고 사울은 한 명의 첩이 있었고(삼하 3:7) 몇 명의 아내들이 있었다(삼하 12:8). 다윗에게도 많은 첩들과 아내들이 있었다(삼하 3:2-5; 5:13). 그중에 특히 밧세바는 다윗이 사랑하는 아내였다. 르호보암은 18명의 아내와 60명의 첩들이

---

[212] Rashi's Commentary. *Deuteronomy*, trans. M. Rosenbaum and A. M. Silbermann (Jerusalem, 1934), 91.

있었고(대하 11:21) 아비야는 14명의 아내가 있었다(대하 13:21). 아가서의 왕은 60명의 아내와 80명의 첩들이 있었고(아가 6:8) 솔로몬은 700명의 아내와 300명의 첩들이 있었다(왕상 11:3). 고대 근동의 왕들도 많은 아내와 첩들을 두었다. 옛 바빌로니아 왕 Zimrilim은 175-200명의 아내를 두었고 이집트의 바로 Ramesses II도 5명의 공식적인 아내들과 수백 명의 첩들을 두었다.[213] 왜 많은 아내를 두어서는 안 되는가? 그 이유는 왕의 마음이 미혹되지 않기 위함이다. 아내들이 이스라엘의 하나님을 의지하며 신뢰하는 왕의 마음을 돌이키게 할 것을 막기 위함이었다. 여기에 대해서 일부 학자들은 이스라엘 왕이 외국 여자들과 정치적인 결혼으로 오는 위험성을 지적하고 있다.[214] 그러나 본문은 여자들의 국적에 관해서는 아무런 언급을 하지 않는다.

셋째, 은과 금을 많이 두어서는 안 된다. 고대 이스라엘에서 은은 돈으로 사용되었다. 은과 금은 귀한 가치를 가지고 있는 금속이다. 3가지의 행동 양식 가운데 은과 금에 대해서는 "매우"(מאד)라는 단어가 함께 사용되었다(개역 개정은 생략). 왕에게 부는 허용되었지만, 과도한 부는 허용되지 않는다. 과도한 부는 왕이 하나님을 잊어버리게 할 수 있었기 때문이다(참고 신 8:15). 많은 은과 금에 관련해서 우리는 기드온을 생각해 볼 수 있다. 기드온은 그 금으로 에봇을 만들었다. 이는 이스라엘로 우상 숭배를 하게 하는 요인이 되었다(삿 8:24-27). 여로보암은 금송아지를 만들었다(왕상 12:28).

말과 여자와 은금 순서는 의미가 있다. 왕정의 위험도에 따른 것이다. 많은 말은 군사력이 강하다는 것을 의미한다. 강한 군사력은 왕을 아도나이 신

---

[213] A. Malamat, *Mari and the Bible* (Leiden, 1998), 173. K. A. Kitchen, *Pharaoh Triumphant* (Warminster, 1982), 97-100.

[214] P. C. Craigie, *Deuteronomy*, 256; C. J. Labuschagne, *Deuteronomium II*, 125; A. B. Ehrlich, *Randglossen zur Hebrischen Bibel. Leviticus. Numeri. Deuteronomium* (Leipzig, 1909), 302; G. E. Gerbrandt, *Kingship according to the Deuteronomistic History* (Georgia, 1986), 111. C. Vonk, *De Voorzeide Leer. De Heilige Schrift Numeri, Deuteronomium* (Barendrecht, 1966-1968), 610.

앙에서 떠나게 할 수 있다. 아도나이를 의지하기보다는 군사력을 더 의지하기 때문이다. 많은 여자는 여자들이 왕의 마음을 돌이켜서 왕을 아도나이 신앙에서 떠나게 할 수 있다. 많은 재물은 아도나이를 의지하기보다는 경제력을 의지하게 한다. 은금으로 우상을 만들기도 하고 용병을 사 오기도 했다.

이스라엘의 왕은 군사력과 경제력에서 제재를 받는다. 사실 왕이 나라를 통치하려면 군사력과 경제력이 강해야 한다. 그러나 왕은 나라를 통치하는 것보다 하나님의 말씀에 순종하는 것이 더 중요한 임무이다.

> 그리고 이것이 있을 것이다, 그가 그의 나라의 보좌 위에 앉을 때, 그는 그를 위하여 레위 제사장들의 면전에 있는 이 율법의 한 복사를 한 두루마리 위에 써야 한다(신 17:18).

왕이 보좌에 앉을 때는 통치를 시작할 때이다. 그는 다른 일보다 율법을 다른 두루마리에 써야 한다. 왕의 주요 임무이다. 왕이 손으로 직접 써서 "한 복사"[215] 본을 만드는 것이다. 왕은 율법을 베껴 쓰고 그 율법을 읽고[216] 지켜야 한다. 왕은 마치 서기관이나 율법 학자 같다.

> 그리고 그것은 그와 함께 있어야 하며 그는 그것을 그의 일생의 모든 날들에 읽어야 한다, 그가 그의 하나님 아도나이를 두려워하는 것을, 이 토라의 모든 말씀들과 이 법규들을 준수하는 것을, 그리고 그것들을 행하는 것을 배우기 위하여(신 17:19).

---

[215] 70인경은 "이 두 번째 법" 또는 "법의 반복"(τὸ δευτερονόμιον τοῦτο)으로 번역한다.
[216] O. Bchli는 왕이 공개적으로 그 토라를 읽어야 한다고 주장한다. 즉 왕은 율법 강연자이다. O. Bchli, *Israel und die Völker* (Stuttgart, 1962), 90. 하지만 Moran과 Nicholson은 이 견해에 반대한다. W. L. Moran, "Review of Israel und die Völker by O. Bchli," *Bib* 44 (1963), 375-377. E. W. Nicholson, *Deuteronomy and Tradition* (Oxford, 1967), 93. 또한 Thompson과 Steuernagel은 왕의 토라 연구는 개인적이라고 말한다. J. A. Thompson, *Deuteronomy* (Leicester, 1974), 206. C. Steuernagel, *Deuteronomium. Josua. Einleitung zum Hexateuch* (Göttingen, 1900), 67.

그의 마음이 그의 형제들보다 높아지지 않기 위하여 그리고 그가 그 계명으로부터 우로 또는 좌로 돌아서지 않기 위하여, 그와 그의 아들들이 이스라엘 가운데서 그의 나라 위에 날들을 길게 하기 위하여(신 17:20).

이상적인 왕의 임무는 토라 연구이다. 그가 왕의 보좌에 등극했을 때, 그는 자신을 위해서 이 토라의 한 복사본을 두루마리 위에 써야 하며 그의 평생에 그것을 읽고 그 말씀을 지켜야 한다. 왕이 이러한 토라 연구를 계속할 때, 그의 마음이 그의 동료들보다 높아지지 않는 민주적인 왕이 될 수 있다. 그의 지위는 동료 중의 제 일인자(primus inter pares)이다. 더 나아가 그가 토라 연구에 매달리고 이 토라의 권위 아래에 자신의 삶을 놓아둘 때, 확실한 왕권을 보장받을 수 있게 된다. 왕이 아도나이의 말씀에 순종할 때, 그와 그의 후손의 왕권은 계속 계승된다.[217]

왕은 마치 한 명의 율법 학자같이 묘사되며, 그의 주 임무는 토라 연구이다. 더욱이 그는 일종의 민주적인 왕으로 그려진다. 왜냐하면 그의 마음이 그의 형제들보다 높아져서는 안 되기 때문이다. 이것을 보면 왕 역시 율법의 권위에 순종해야 하는 하나님 백성의 한 사람으로 신정 정치의 대리인이다. 아도나이께서 진정한 이스라엘의 왕이다.

3. 종교 제도

모세는 사법 제도와 왕정 제도를 논한 후에 이제 종교 제도에 대해서 말한다. 종교 제도는 제사장(신 18:1-5)과 레위 사람들(신 18:6-8) 그리고 선지자

---

217 Phillips는 이 구절이 다윗과 그의 계승자들을 의미한다고 주장한다. A. Phillips, *Deuteronomy* (Cambridge, 1973), 122. 하지만 우리는 이 구절에서 그러한 사상을 발견할 수 없다. 이 약속은 모든 왕에게 적용될 수 있을 것이다. D. Schneider, *Das fünfte Buch Mose* (Wuppertal, 1982), 176-177. C. J. Labuschagne, *Deuteronomium* II, 127.

(신 18:15-22)에 관한 것이다.

(1) 제사장

레위는 야곱의 셋째 아들이다. 하나님은 레위 지파에서 아론 집안을 제사장으로 선택하셨다. 아론의 아들들이 제사장 직분을 감당했다. 고라의 반역 사건 이후에(민 16~18장) 레위 사람들과 아론 사람들과의 역할 분담이 더 선명해졌다. 하나님이 아론 집안을 선택하셨기 때문에 아론과 그의 아들들이 하나님께 가까이 갈 수 있다. 레위 사람들은 아론을 돕는 역할을 했다. 모세는 이들에게 기업이 없다고 선언한다.

> 레위인 제사장들에게, 모든 레위 지파, 이스라엘과 함께 몫과 기업이 없을 것이다, 그들은 아도나이의 화제물과 그의 기업을 먹을 것이다(신 18:1).
> 그리고 기업이 그에게 그의 형제들 가운데서 없을 것이다, 아도나이 그가 그의 기업이다, 그가 그에게 말한 것과 같이(신 18:2).

"레위인 제사장들"은 레위 사람인 제사장들 또는 레위 지파 출신의 제사장들을 의미한다. 여기서 "레위인 제사장들에게"와 "모든 레위 지파"는 동일하지 않다. 왜냐하면 "모든 레위 지파" 사람들이 모두 "제사장들"이 되지는 않기 때문이다. 레위 지파 가운데서 아론 집안의 사람들이 제사장이 될 수 있다.

하나님이 아론을 선택하셨음을 싹 난 지팡이로 밝히 보이셨기 때문에 아론과 그의 아들들이 하나님께 가까이 갈 수 있으며 제사장 직분을 감당할 수 있다. 하나님은 아론 집과 레위 지파 사람들을 구별하여 말씀하셨다. 아론과 그의 집은 성소의 일과 제사장 직분의 일을 담당한다. 아론의 집과 형제들의 집은 역할이 서로 다르다. 아론의 형제 지파인 레위는 아론을 돕는 역할이다. 레위인은 아론의 일과 성막의 모든 일을 시중 들어야 한다. 하지만 레위인은 성막의 기구들과 제단에 가까이 갈 수 없다. 레위 인이 이 계명을 어길 때는 죽을 수 있다(민 18:3).

하나님은 이스라엘 백성들 가운데서 아론과 그의 아들들, 레위인 그리고 외부인을 구별하신다. 이러한 구별은 누가 하나님께 가까이 갈 수 있는가 하는 순서이며(참고 민 16:5) 거룩의 등급을 나타낸다.

이스라엘 백성이 아도나이께 예물을 드린다. 그러면 하나님은 그 예물을 제사장에게 선물로 주신다. 이것이 제사장의 몫이며 수입이다. 이 법칙을 영영한 응식으로 부른다. 왜냐하면 제사장은 아도나이를 섬기도록 기름부음을 받았기 때문이다. 제사장은 아도나이를 섬기기에 다른 일을 하지 않는다. 따라서 수입이 없다. 이스라엘 백성이 아도나이께 드리는 소제, 속죄제 그리고 속건 제물들에서 불태우지 않은 것들은 제사장의 몫이다. 이 예물들은 거룩한 것으로 제사장과 그의 아들들에게 주어진다. 지극히 거룩한 곳에서 제사장들은 이 예물을 먹어야 한다(민 18:9).

땅에서 난 첫 소산(민 18:12-18)으로 하나님께 드려진 것들, 기름, 포도주, 곡식, 그리고 밭의 첫 열매는 다 제사장의 몫이다. 제사장 집안의 정결한 자들이 먹을 수 있다. 처음 난 것으로 아도나이께 드려진 것 가운데 사람은 돈으로 속량해야 한다. 일 개월 후에 성소의 세겔로 은 다섯 세겔을 내야 한다. 소와 양 그리고 염소의 처음 난 것으로 드리는 예물은 속량할 수 없다. 그것들은 거룩한 것이므로 피는 제단에 뿌리고 기름은 아도나이께 태워 드려야 한다. 그 고기는 제사장들이 취할 수 있다.

하나님은 이스라엘 백성이 아도나이께 드리는 예물을 제사장과 그 자녀들에게 주신다. 이것은 법으로 정해 놓았기 때문에 제사장들이 취할 수 있는 영원한 몫이다. 아도나이와 제사장 사이에 맺은 소금 언약이다(민 18:19).

하나님은 아론에게 하나님 자신이 제사장의 기업이며 분깃이라고 선언하신다. 제사장은 이스라엘 중에서 기업의 땅을 차지하지 못했기 때문에 그들은 가나안에서 기업이 없다. 하지만 하나님이 그들의 기업이 되신다. 눈에 보이는 기업의 땅은 없었지만, 눈에 보이지 않는 하나님이 제사장의 기업이시다.

제사장들과 같이 레위 사람도 이스라엘 중에서 기업이 없다. 그래서 하나님은 레위 사람에게 돌아갈 몫을 설명하신다. 레위 사람의 기업은 십일조이다. 이스라엘 백성이 드리는 십일조가 레위 사람이 성막의 일에 대한 보수이며 기업이다. 이것이 하나님이 레위 사람에게 세운 영원한 규례이다(민 18:20-24).

레위 인은 백성의 십일조를 취할 수 있다. 레위 인은 그 취한 십일조에서 다시 그 십 분의 일을 거제로 아도나이께 드려야 한다(민 18:25-32). 비록 레위 인이 농사를 지어 수확하지 않았지만, 하나님은 그들이 드리는 십일조를 마치 타작마당의 곡식이나 포도주 틀에서 나온 포도 주스와 같이 여기신다. 레위 인이 드리는 십일조의 거제물은 제사장 아론에게 돌아간다.

레위 인은 그들이 받은 십일조에서 가장 좋은 부분, 거룩한 부분을 아도나이께 드려야 한다. 레위 인 역시 예배자로 아도나이 앞에 서는 것이다. 십일조를 드린 나머지 부분은 레위인에게 타작마당의 소출과 포도주 틀의 즙과 같다. 마치 그들이 심고 거두어 추수한 곡식과 포도주같이 되는 것이다.

레위인들은 기업의 땅이 없어서 농사를 짓지 못하며 거두지 못한다. 그렇지만 그들은 백성들이 농사지어 얻은 수확의 십일조를 받음으로 농사를 대신한다. 받은 십일조에서 가장 좋은 부분으로 십일조를 하나님께 드리고 나면 남은 부분은 레위 사람들이 어디서든지 자유롭게 먹을 수 있다. 제사장들은 먹는 장소가 정해져 있었던 것에 반하여 레위 인들은 자유롭다.

레위 인들이 그 받은 십일조에서 십일조를 드리면 죄를 짓지 않는다. 이스라엘 백성이 드린 십일조를 더럽히지 않는 것이다. 레위 인도 십일조를 드려야 할 의무가 있다.

왜냐하면 너의 하나님 아도나이께서 그를 너의 모든 지파들로부터 선택하셨기 때문이다, 그와 그의 아들들이 모든 날들에 아도나이의 이름으로 섬기도록 서기 위하여(신 18:5).

하나님은 모든 민족 가운데에서 이스라엘을 그의 백성으로 선택하셨고 (신 4:37, 7:6-8, 10:15, 14:2) 이스라엘 백성들 가운데서 하나님은 레위 지파를 선택하셨다(신 21:5, 대상 15:2, 대하 29:11). 더 나아가 레위 지파 가운데서 아론 집안을 선택하여 제사장으로 삼았다. 하나님께서 아론 집안을 제사장으로 선택한 목적은 "그와 그의 아들들이 모든 날들에 아도나이의 이름으로 섬기도록 서기 위하여"이다. 두 개의 부정사가 연달아 나오는 문장이다. "그와 그의 아들들이 모든 날들에 아도나이의 이름으로 섬기기 위하여, 서기 위하여." 개역 개정은 "서서 섬기게 하셨음이니라"로 번역했다. 우리말로 매끄럽게 번역하면 '서서 섬기기 위하여'가 좋을 것 같다.

(2) 선지자

제사장은 하나님이 선택한 사람이 될 수 있다. 여기에 반하여 선지자는 하나님이 부르신 사람이 될 수 있다. 선지자는 하나님의 소명이 있는 사람이다. 제사장 직분은 세습되었지만, 선지자 직분은 세습되지 않았다. 모세가 선지자에 대해서 설명하는 이 단락(18:15-22)을 더 자세하게 나누면 두 부분으로 나눌 수 있다. 첫째, 하나님은 이스라엘의 미래에 모세와 같은 선지자가 일어날 것을 말씀하신다. 모세는 하나님과 이스라엘 사이에 서서 하나님의 말씀을 전달했던 자이다. 이와 같은 역할을 할 선지자가 이스라엘에서 일어날 것이다. 이스라엘은 그 선지자에게서 하나님의 말씀을 들어야 한다 (신 18:15-19).

둘째, 하나님의 말씀을 전하는 선지자가 참 선지자인지 거짓 선지자인지를 구분하는 방법이다. 하나님의 말씀을 예언하는 선지자는 그 말씀이 역사 속에서 성취되어야 참 선지자로 인정을 받는다. 역사 속에서 하나님의 예언이 이루어지지 않으면 그 선지자는 거짓 선지자이다(신 18:20-22).

선지자(נביא)는 하나님의 대변인으로 '말하는 자'이다. 선지자 명칭은 시대에 따라 변화했다. "옛적 이스라엘에 사람이 하나님께 가서 물으려 하면 말하기를 선견자에게로 가자 하였으니 지금 선지자(말하는 자)라 하는 자를 옛적에는 선견자(보는 자)라 일컬었더라"(삼상 9:9). 선지자는 다른 사람을 위하여 대언 하는 자이다. 일반적으로 성경에서 선지자는 하나님의 '대변인'(spokesman, mouthpiece)이다. 오늘날의 정치 현실에 비춰볼 때 대통령의 공보관(또는 보도 담당 비서)에 해당한다. 이런 모습은 모세와 아론과의 관계(출 4:10-16; 7:1)에서 볼 수 있다. 모세는 이스라엘을 구원하라는 하나님의 부르심을 받았지만, 그는 말을 못 한다고 하면서 그 사명을 거절한다. 그러자 하나님은 그에게 "이제 가라 내가 네 입과 함께 있어서 할 말을 가르치리라"(출 4:12) 하신다. 다시 모세가 하나님의 사명을 거절하자 하나님은 아론을 모세와 같이 보내실 것을 말씀하신다. "내가 너를 바로에게 신 같이 되게 하였은즉 네 형 아론은 네 대언자(너의 선지자, נביא)가 되리니"(출 7:1). 아론은 모세의 입이 되어 모세가 하나님께 받아 말한 것을 전하는 자였다. 즉 아론은 모세의 대변인이었다. 이것이 선지자의 일이다.

모세는 국가 조직 법전에서 선지자에 대해서 말하면서 자신과 같은 선지자가 올 것을 예언한다. 이 점이 아주 특이하다.

> 너의 형제들에서, 너 가운데서 나와 같은 한 선지자를, 너의 하나님 아도나이께서 너에게 일으킬 것이다, 너희는 그에게 들어야 한다(신 18:15).

"나와 같은"은 '모세와 같은'을 의미한다. 이것은 시내산에 하나님과 이스라엘 사이에서 중보자 역할을 했던 모세를 뜻한다. 모세와 같은 선지자가 "너의 형제들에서" 즉 이스라엘에서 나올 것이다. 모세와 똑같지는 않지만, 모세와 유사한 두 번째 모세가 올 것이다. 하나님께서 모세와 같은 한 선지자를 미래에 이스라엘에서 일으킬 것이다. 선지자는 하나님의 부르심을 받아 선지자 직분을 맡는다(이사야[6장], 예레미야[1장] 그리고 에스겔[2장]). 선지자는 모세(출 3장)와 같이 소명 기사를 가지고 있다. 선지자는 하나님의 부르심을 받고 하나님의 보내심을 받아 하나님의 말씀을 하는 것이다.

이스라엘은 하나님께서 이스라엘에 세우실 모세와 같은 선지자의 말에 순종해야 한다. 이것은 가나안 민족들이 점쟁이에게 들었던 것(신 18:14)과 대조를 이룬다. 이스라엘은 하나님께서 세우실 모세와 같은 선지자의 가장 큰 특징은 호렙산에서 모세가 한 역할이다. 하나님이 직접 나타나서 이스라엘에게 직접 말씀하셨다. 그러자 이스라엘이 두려워하여 모세에게 중재해 달라고 요청했다. 하나님 역시 이것을 좋게 여기셨다. 이래서 모세가 하나님께 말씀을 듣고 와서 이스라엘에게 대신 전해 주었다.

> 내가 그들에게 너와 같은 한 선지자를 그들의 형제들 가운데에서 일으킬 것이다, 그리고 내가 나의 말들을 그의 입에 줄 것이다, 그리고 그가 그들에게 내가 그에게 명령한 모든 것을 말할 것이다(신 18:18).

18절과 15절을 비교해보면 약간의 차이가 있다. 이 차이는 15절은 모세가 말한 형식이며 18절은 하나님의 말을 인용한 형식이기 때문이다. 15절은 "나와 같은 한 선지자"이며 18절은 "너와 같은 한 선지자"로 나온다. 그리고 18절은 하나님이 직접 말씀하신 형식 "내가,"로 시작한다. 하나님은 모세와 같은 선지자를 미래의 이스라엘에서 일으키실 것이다.

모세와 같은 선지자의 가장 큰 특징은 하나님께서 그 선지자의 입에 하나님의 말을 줄 것이다. 선지자는 하나님의 말씀이 있어야 한다. 참된 선지자의 특징이다. 하나님이 모세를 호렙산에서 불러 이집트의 바로에게 보내실 때 모세는 하나님의 부르심을 거절했다. 모세는 그때 하나님께 자신은 입이 둔하고 혀가 둔한 사람이라고 했다. 그러자 하나님이 "이제 가라 내가 네 입과 함께 있어서 할 말을 가르치리라"(출 4:12)고 하셨다. 모세에게 할 말을 주신 하나님(출 4:10-16)은 미래의 이스라엘에 일어날 선지자에게도 하나님의 말씀을 주실 것을 약속하신다. 모세와 같은 선지자는 하나님께서 명령한 것만을 전해야 한다(참고 왕상 22:14, 렘 1:7). 선지자의 책임과 의무를 말한다. 선지자가 어떤 사람인지 여기서 잘 나타난다. 그는 하나님이 명령한 것을 전달하는 자이다. 선지자가 말한 것을 듣지 않는 사람은 하나님이 직접 찾아가서서 심판하신다. 하나님이 직접 행동하실 것이다.

모세는 또한 참 선지자의 특징을 말한다. 하나님이 명령하지 않았음에도 불구하고 다른 신의 이름으로 예언하는 사람은 죽어야 한다(18:20). 거짓 선지자이기 때문이다.

선지자의 예언을 듣는 사람들에게 의심이 일어날 수 있다. 선지자의 예언을 들은 사람이 속으로 예언 내용에 의문을 제기할 수 있다. 선지자가 예언한 내용에 의심이 들어서 확인하기를 원하는 것이다. 아도나이께서 말씀한 것인지, 아닌지를 식별하기를 원한다. 예언의 기원이 하나님께 있는지 알기를 원하는 것이다. 하나님의 말씀을 전하는 선지자가 있는가 하면 하나님께서 말씀하지 않았는데 예언하는 선지자들이 있다. 자기 마음에서 우러나오는 대로 예언하는 것이다(예를 들면, 예레미야를 반대했던 하나냐 선지자. 렘 23:16-17). 이렇게 의심이 들 때, 그 예언이 성취되는지를 살펴보면 된다. 선지자가 예언한 말씀이 현실 속에서 성취되느냐, 되지 않느냐 하는 것이다. 이것은 선지자가 거짓 선지자인지 아니면 참된 선지사인지를 구별할 수 있는 시금석이다. 선지자가 아도나이의 이름으로 말한 것이 역사 속에서 성취되지 않으면 그 선지자는 거짓 선지자이다. 선지자가 말한 예언이 역사 속에서 이루어지지 않으면 그것은 아도나이께서 그 선지자에게 말씀하지 않은 것이다. 하나님이 그 선지자를 보내지도 않았고 그 선지자에게 말하라고 명령하지도 않았다. 그렇다면 그 예언은 어디서 나왔는가? 하나님께서 그 선지자에게 예언하라고 명령하지 않았는데 그 선지자가 주제넘게 나선 것이다. 그 예언의 기원은 자기 마음에서 나온 것이다(신 18:22). 이스라엘 백성은 이런 선지자를 두려워할 필요가 없다.

국가 조직을 위한 법전에서 모세는 재판관, 왕, 제사장과 선지자를 설명한다. 이들은 모두 신정 정치의 대리인이다. 하나님이 이스라엘의 왕이시다. 이들은 하나님의 대리인으로 이스라엘을 통치한다. 그런데 여기서 가장 흥미로운 직분은 선지자이다. 모세와 같은 선지자가 미래에 일어날 것을 예언하는 데 여기서 메시야 사상이 나오기 때문이다. 모세와 같은 선지자가 일어날 것이다. 그러나 신명기는 마지막 장에서 모세의 죽음을 말하면서 모세를 평가한다. 이때 모세와 같은 선지자가 일어나지 못했다고 선언한다.

> 그리고 이스라엘에 아도나이께서 그를 얼굴과 얼굴로 아셨던 모세와 같은 선지자가 다시 일어나지 못했다(신 34:10).

모세에 대한 평가이자 찬미이다. 특이하게 이 구절은 이스라엘 역사에 일어났던 다른 선지자들과 모세를 비교하고 있다. 이스라엘 역사에 모세와 같은 선지자가 일어나지 못했다고 선언한다. 이스라엘 역사에 엘리야, 엘리사, 이사야와 예레미야 같은 선지자들이 일어났음에도 불구하고 모세와 같은 선지자가 없다고 말한다.

모세를 이스라엘의 역사에서 이렇게 독특한 위치를 점하는 선지자로 평가하는 이유는 "아도나이께서 그를 얼굴과 얼굴로 아셨던,"에 있다. 모세가 회막에서 아도나이와 말씀하실 때 이 표현이 사용되었다. 모세가 회막에 들어갈 때 구름이 임하였고 이때 모세는 아도나이와 친구처럼 대면하여 말했다(출 33:11). 모세가 선지자로서 탁월한 위치를 점하고 있는 것은 미리암 사건 때에 잘 드러난다. 모세가 구스 여자를 취했을 때 미리암과 아론이 비난하고 나섰다. 미리암과 아론은 하나님이 모세와만 말한 것이 아니라 우리와도 말했다고 말하며 자신들의 권위를 주장했다. 그때 하나님이 개입하셔서 모세를 변호하시며 모세와 일반 선지자와의 차이점을 말씀해 주셨다. 하나님은 일반 선지자에게 꿈과 환상으로 말씀을 주신다. 하지만 모세에게는 입과 입으로 말씀해 주었으며 모세는 특별히 하나님의 형상을 본 선지자라고 말씀하신다(민 12:6-8). 하나님은 미리암 여 선지자와 아론 대제사장과 모세와의 차이점을 말씀해 주신 것이다. 모세가 선지자로서 특별한 위치를 차지하는 이유이다. 여기에 한 가지를 덧붙이면 모세는 하나님과 이스라엘 사이에 중보자의 위치에 서 있었다. 하나님께서 시내산에 임하셔서 십계명을 직접 선포하실 때의 일이다. 하나님이 불 가운데 임하셔서 직접 말씀하셨다. 이스라엘은 하나님을 두려워해서 그 산에 올라가려 하지 않았다. 그때 모세는 이스라엘과 하나님 사이에 서 있었고 하나님의 말씀을 이스라엘에게 선언해 주었다(신 5:5). 모세는 하나님과 이스라엘의 중보자로서 서 있었으며 하나님과 이스라엘 사이를 중개해 주었다. 이런 점에서 모세는 다른 선지자들과 비교할 수 없는 독특함을 가지고 있다. 모세를 특별하고 탁월하게 만드는 점이다.

마지막으로 언급할 점은 하나님은 이스라엘에 모세와 같은 선지자가 일어날 것을 말씀하셨다. 그러나 이스라엘 역사에 모세와 같은 선지자가 일어나지 못했다. 그러므로 아직 모세와 같은 선지자가 일어날 것이라는 예언이 남아 있다. 여기서 메시야 사상이 나온다. 이스라엘은 모세와 같은 선지자가 일어나기를 바란 것이다(행 3:22-23).

11
복과 저주[218]

신명기의 특징 가운데 하나는 복과 저주이다. 모세는 약속의 땅에 들어가지 못하고 모압 땅에서 이스라엘에게 율법을 설명한다. 이스라엘이 가나안 땅에 들어가서 지켜야 할 하나님의 말씀이다. 그런데 이 말씀에 복과 저주가 있다.

보라, 내가 너희 앞에 오늘 복과 저주를 둔다(신 11:26).

명령 "보라"가 청중의 시선을 끌고 있다. 모세는 "오늘" 이스라엘에게 선포하는 말씀에 복과 저주가 있다고 선언한다. 이스라엘이 모세가 오늘 설명하는 말씀에 순종하면, 아도나이를 사랑하면, 하나님은 가나안 땅에 이른 비와 늦은 비를 내려서 농사와 목축이 잘 되게 할 것이다. 이스라엘이 먹고 번성할 것이다(신 11:13-15). 하지만 이스라엘이 마음이 미혹되어 다른 신을 따라 섬기면 하나님이 비를 내리지 않을 것이다. 이스라엘은 하나님이 주신 아름다운 땅에서 망할 것이다(신 11:16-17). 이스라엘이 가나안 땅에 들어가

---

[218] 이 부분은 김영욱, 『신명기 III』(솔로몬, 2019), 258-359에서 가져와 수정하고 보완한 것이다.

서 하나님의 말씀에 순종하느냐, 순종하지 않느냐 하는 것이 이스라엘의 미래가 달려 있다.

모세는 이렇게 복과 저주를 말하면서 이스라엘에게 가나안 땅에 들어가서 에발 산과 그리심 산에 가서 복과 저주를 선언하라고 명령한다. 이 복과 저주는 조건과 결과가 있다.

> 그 복을, 너희가 내가 오늘 너희에게 명령하는 너희 하나님 아도나이의 명령들에 순종하면(신 11:27).

조건과 결과가 나온다. 아도나이의 명령에 순종하면 이스라엘은 복을 받을 것이다. 히브리어 문장에 "그 복을"이 먼저 나와서 강조하고 있다. "아도나이의 명령들"은 '아도나이의 계명들'로도 번역할 수 있다. 모세를 통하여 오늘 선포되는 율법을 의미한다. 이 조건과 결과는 반대로도 나온다.

> 그리고 그 저주를, 만일 너희가 너희 하나님 아도나이의 명령들에 순종하지 않고 너희가 알지 못하는 다른 신들을 따라 걷기 위해 내가 오늘 너희에게 명령하는 그 길에서 떠나면(신 11:28).

이 구절에도 조건과 결과가 나온다. 이 구절은 27절과 반대이다. 히브리어 문장은 "그 저주를"이 먼저 나와서 강조하고 있다. 저주와 재앙이 오는 경우는 불순종할 때이다. 이스라엘이 "아도나이의 명령들"을 순종하지 않고 "다른 신들"을 따라 섬기는 경우이다. 다른 신을 섬기는 것은 십계명의 제일 계명을 어기는 행위이며 언약을 깨뜨리는 것이다. 모세는 특별히 이 복과 저주를 그리심 산과 에발 산에서 선포하라고 명령한다.

1. 열두 저주

복과 저주는 특이하게 신명기의 율법을 에워싸고 있다. 신명기의 구조는 12장부터 26장이 핵심 법전이다. 라부샤흐네는 신명기의 구조를 메노라 패턴(7가지 촛대 구조)로 제시하면서 12장부터 26장을 핵심 법전으로 분류한다.[219]

　A 여는 이야기: 모세의 과거 회고(1-3장)
　　B 여는 예언적 설교(4장)
　　　C 호렙산 언약(5-11장)
　　　　X 법전: 법규들과 법령들(12-26장)
　　　C' 모압 언약(27-29장)
　　B' 닫는 예언적 설교(30장)
　A' 닫는 이야기: 모세의 미래 조망(31-34장)

이 구조에서 흥미로운 사실은 복과 저주 본문이 가운데 법전(신 12-26장)을 에워싸고 있다는 것이다. 복과 저주는 신명기 11장 26-32절과 27장 11절부터 28장 68절까지 나온다. 마치 샌드위치 구조처럼 복과 저주 사이에 신명기의 법전이 끼여 나온다. 신명기 27장 11절부터 26절에 열두 저주가 나온다. 28장은 1절부터 14절에 복이 나오고 15절부터 68절에 저주가 나온다. 27장과 28장은 저주-복-저주 순서이다.

27장에서 에발 산과 그리심 산이 등장한다. 11장과 비교해 보면 27장은 복과 저주를 더 자세하게 말한다. 특히 저주 본문이 12개로 더 확대하여 나온다. 모세는 이스라엘이 요단을 건너간 후에 에발 산에서 큰 돌들을 세우

---

[219] C. Labuschagne, *Deuteronomium: Belichting van het Bijbelboek* (Brugge, 1993), 16. 그는 그의 주석에서 이 메노라 패턴에 대해 자세하게 설명한다. C. Labuschagne, *Deuteronomium* 1A, 30-32.

고 그 돌들에 석회를 바르고 율법의 말씀들을 분명하게 기록할 것을 명령한다. 에발 산에서 번제와 화목제를 드리라고 말한다(신 27:1-8). 그리심 산에 축복하기 위하여 선 지파는 시므온, 레위, 유다, 잇사갈, 요셉과 베냐민이다. 에발 산에 저주하기 위하여 선 지파는 르우벤, 갓, 아셀, 스불론, 단, 납달리이다. 그 후에 레위 사람들이 큰 소리로 백성에게 열두 개의 저주를 말한다. 이때 백성들은 저주마다 "아멘"으로 화답해야 한다.

열두 지파와 열두 저주가 짝을 이룬다. 열두 저주는 가장 먼저 우상 제조자를 저주한다.

> 우상이나 상을 만드는 그 사람은 저주를 받을 것이다, 아도나이의 혐오, 장인의 손의 일, 그리고 은밀히 세우는 사람, 그리고 그 모든 백성은 대답하고 말할 것이다. 아멘(신 27:15).

십계명의 제1~2계명이 우상 제조와 숭배 금지라는 것을 생각해 보면(신 5:7-9) 이 저주는 십계명의 일, 이 계명을 어기는 자들에게 임하는 것이다. 히브리어는 "저주를 받을 것이다"(ארור)가 먼저 나온다. 열두 저주 모두 이 단어(ארור, 칼 수동 분사)가 먼저 나온다. 히브리어 어순대로 번역해 보면 "저주를 받을 것이다, 그 사람은"이다. "우상"은 '새긴 우상'을 뜻한다(신 5:8). 나무나 돌에 새기거나 깎아 만든 것이며 금속을 녹여 만든 주조물까지 포함하기도 한다. "상"은 금송아지와 같은 '녹여 만든 상'이나 '조각상'을 의미한다(신 9:12, 16). 우상이나 상은 "아도나이의 혐오" 즉 아도나이께 가증한 것이다. 아도나이께서 싫어하시고 증오하시는 것이다. "우상과 상"은 "장인의 손의 일"이다. 우상은 기술자가 손으로 한 일의 결과이다. 우상은 사람이 만든 수공예품에 불과하다(참고 사 44:9-20). 이런 우상을 만들어서 세우는 사람에게 저주가 임한다. "은밀히"는 다른 사람들이 알지 못하도록 비밀스럽게 우상을 만들어 세우는 것이다.

레위 사람들이 이렇게 저주를 선언하면 모든 백성은 "아멘"하고 말해야 한다. "아멘"은 '진실로,' '정말로'의 뜻으로 이 저주를 들은 백성이 그 말의 합법성, 정당성 또는 유효성을 받아들이는 것이다. 그 말이 사실임을 인정함과 동시에 그 말대로 이루어지기를 바라는 것이다.

우상숭배 다음에 특이한 점은 성범죄에 관한 저주이다. 아버지의 아내와 동침하는 자(20절), 수간(21절), 자매와 동침하는 자(22절) 그리고 장모와 동침하는 자(23절)에게 저주가 선언된다. 이 본문은 십계명의 제7계명 "간음하지 말라"와 밀접한 관련이 있다. 네 절에 모두 "~와 함께 눕는 자"가 나오고 있다. 성관계를 위해서 눕는 사람을 말한다.

다음으로 특이한 저주는 살인과 관련이 있다. 이웃을 쳐 죽이는 사람에게 저주가 선언된다(24절). 이웃은 동료나 친구로 같은 이스라엘 사람을 뜻한다. 돈을 받고 살인을 해주는 암살자에게 저주가 선언된다(25절).

마지막으로 율법을 듣고도 실행하지 않는 사람에게 저주를 선언한다.

그것들을 행하여 이 율법의 말씀들을 세우지 않는 자는 저주를 받을 것이다,
그리고 모든 백성은 말할 것이다, 아멘(신 27:26).

열두 저주의 마지막 저주로 결론 역할을 한다. 이 율법의 모든 말씀을 지키지 않는 사람, 성취하지 않는 사람에게 저주가 선언된다. 그리심 산과 에발 산에서 복과 저주를 듣는 이스라엘 백성은 율법의 말씀을 인정할 뿐만 아니라 그 말씀을 지켜야 한다.

이스라엘은 여호수아의 지도 아래에 요단을 건너 가나안 땅으로 진격한다. 여리고 성을 성공적으로 정복하고 아이 성의 정복 때에 처음에는 실패했지만, 후에 성공한 후에 이스라엘은 모세가 명령한 대로 그리심 산과 에발 산으로 나아간다. 모세가 명령한 것을 실행하는 것이다(신 11:26-32; 27:11-26). 모세는 복과 저주를 이스라엘 앞에 두었다. 이스라엘이 법에 순종하면 복을 받을 것이고 법에 순종하지 않으면 저주를 받을 것이다. 이것은 또한 가나안 땅에 들어가서 의식 가운데 엄숙하게 선언되어야 한다. 여호수아는

이스라엘의 모든 회중, 여자들, 아이들과 거류민들 앞에서 그리심 산에서 축복을 그리고 에발 산에서 저주를 선언한다(수 8:30-35).

그리심 산(약 880m)은 세겜의 남쪽에 있고 에발 산(약 940m)은 세겜의 북쪽에 있다. 두 산 사이에 세겜이 위치한다. 아브라함이 가나안 땅에 처음 들어왔던 곳이 바로 세겜이며 이곳에서 하나님이 이 땅을 네 자손에게 주리라고 약속하셨다(창 12:6-7).

그리심 산과 에발 산에서의 축복과 저주 선언은 여리고 성과 아이 성의 함락 후에 주어졌다. 여리고 성에서의 순종과 아이 성에서의 불순종을 경험한 후에 그리심 산과 에발 산에서 율법이 낭독되었다는 것은 의미심장한 일이다(수 8:30-35). 가나안 땅 정복은 율법에 순종할 때 가능하다는 사실을 보여준다. 약속의 땅에서는 아도나이의 율법을 실행해야 한다. 가나안 땅은 언약의 장소로서 언약의 실행을 요구한다. 이제 아도나이의 법이 가나안 땅에서 효력을 발휘할 것이다.

2. 순종과 불순종의 결과: 복과 저주

신명기 27장에서 열두 저주가 나왔다. 이어서 28장에서 복과 저주가 나온다. 복은 14절이 나오고(1-14절) 저주는 54절이나 나온다(15-68절). 저주가 강조되어 있다. 복과 저주는 모두 조건과 결과 형식으로 나온다. 이스라엘은 조건에 충족할 때 복을 받는다.

1-2절은 복의 서론과 같은 역할을 한다. 1절과 2절은 조건절과 귀결절로 구성되어 있는데 마치 샌드위치 구조를 보는 것 같다. "네가 듣는다면"이 1절과 2절에(A와 A') 나타나서 복의 내용을 감싸고 있다("네가 듣는다면"은 13절에도 다시 나온다).

A   만일 네가 너의 하나님 아도나이의 음성을 잘 듣는다면(1a).

B   아도나이 너의 하나님이 너에게 뛰어남을 주실 것이다(1c).
B′ 이 모든 복들이 너에게 올 것이고 미칠 것이다(2a).
A′ 네가 너의 하나님 아도나이의 음성을 듣는다면(2b).

이스라엘이 아도나이의 음성에 순종할 때 이 모든 복이(2절) 임하는데, 이 모든 복은 3-13절에 더 구체적으로 드러난다. 그런데 여기서 흥미로운 사실은 이런 조건절이 9절과 13절에도 다시 나타난다는 사실이다. 중간, 중간에 이 조건절들이 나와서, 이 조건을 충족할 때, 이 모든 복이 임한다는 사실을 확인시켜 주는 것이다. 그리고 "네가 듣는다면"이 1절과 13절에 나와서 모든 복을 감싸면서 순종을 강조하고 있다.

복은 이스라엘이 아도나이의 말씀에 순종할 때 받는다. 복은 다양하게 나타나는데, 모든 민족보다 뛰어남(1), 성과 들에서 하는 일의 복(3), 많은 후손과 풍성한 소출과 가축이 번성하는 복(4), 먹을 것이 풍성한 광주리와 반죽 그릇의 복(5), 들어오고 나갈 때의 복(6), 전쟁에서 승리(7), 땅의 풍성한 소출(8), 거룩한 백성이 됨(9), 땅의 모든 민족이 두려워함(10), 많은 후손과 풍성한 소출과 가축의 번성(11), 땅의 비를 주심(12), 머리가 되게 하심(13)으로 표현되었다.[220]

---

[220] 유대인 학자 티가이는 이스라엘이 순종할 때 받는 복을 다음 도표로 설명한다. Tigay, *Deuteronomy*, 490. 이 분석은 로페에서 시작되었다. A. Rofe, *Mavo' le-sefer Devarim*, Jerusalem, 1988. 23. 하지만 이 분석은 본문의 1-2절과 9-10절이 빠져있다. 그리고 6절이 군사적인 승리를 말하는 것인지는 의문이다. 그럼에도 불구하고 이스라엘이 토라에 순종할 때 받는 복을 일목요연하게 보여준다.
A. 경제적 성공(v. 3a).
 B. 땅의 비옥함(v. 3b).
  C. 인간과 짐승의 번성(v. 4).
   D. 풍부한 음식(v. 5).
    E. 군사적 승리(v. 6).
    E′. 군사적 승리(v. 7).
   D′. 풍부한 음식(v. 8).
  C′. 인간과 짐승의 번성(v. 11).
 B′. 땅의 비옥함(v. 12a).
A′. 경제적 성공(v. 12b-13).

복은 인간 삶에 총체적으로 나타난다. 자손이 번성하고 가축이 많아지며 땅의 소산이 풍성해져서 먹을 것이 풍부하다. 이스라엘은 전쟁에서도 승리를 거둔다. 하나님이 이 모든 복을 주신다. 이스라엘은 하나님의 거룩한 백성이 되며 많은 백성 위에 뛰어난 위치를 차지한다. 여기서 우리가 눈여겨보아야 할 점은 이스라엘이 한 나라로서 경제와 군사가 강할 때, 다른 모든 나라보다 뛰어난 것이 아니라 아도나이의 명령에 순종할 때, 다른 나라들보다 우위를 점할 수 있다는 사실이다. 왕의 법에서도 왕이 경제와 군사적인 면에 신경을 써야 하는 것이 아니라 토라에 순종하는 데에 신경을 써야 한다고 말했다(신 17:14-20). 하나님이 주신 율법에 순종할 때, 이스라엘은 다른 나라들보다 모든 면에서 뛰어나게 되는 것이다. 한마디로 요약하면 순종할 때, 모든 것이 평화롭다. 이스라엘이 아도나이의 음성에 순종할 때 즉 토라에 복종할 때 큰 복을 받을 것이다. 이 복들 가운데 가장 중요한 복은 이스라엘이 아도나이의 "거룩한 백성"으로 세움을 받는 것이다(9).

위의 분석에서 눈에 띄는 것은 군사적 승리이다. 이스라엘이 전쟁에서 승리하는 것이 중앙을 차지하고 있다. 이러한 분석은 의미가 있다. 전쟁에서 승리해야 모든 것이 평화롭기 때문이다. 전쟁에서 지면 모든 것을 잃는다. 전쟁에서 승리하는 복은 그대로 저주에서 반대로 나타난다. 저주는 이스라엘이 전쟁에서 패배하여 외적에게 억압을 당하고 약속의 땅에서 쫓겨나서 다른 나라로 포로로 잡혀가는 것으로 나타난다.[221] 복을 말하는 단락의 마지막 절은 다음과 같이 경고한다.

> 그리고 너는 내가 너희에게 오늘 명령하는 모든 말씀들로부터 좌로나 우로 치우치지 말아야 한다, 다른 신들을 따라 걷기 위하여, 그들을 섬기기 위하여(신 28:14).

---

[221] 김영욱 "토라와 샬롬 – 신명기를 중심으로," 『신학지남』, 320 (2014), 128-130에서 가져와서 수정하고 보완한 것이다.

이스라엘이 벗어나지 말아야 할 기준은 "말씀들"이다. 모세는 출애굽 후 세대에게 선포하고 있는 말씀에서 벗어나지 말 것을 명령한다. 이스라엘이 하나님의 말씀에서 좌로나 우로 벗어난다면 하나님의 심판이 임할 것이다. 이스라엘이 말씀에서 벗어나는 것은 우상 숭배이다. 모세는 십계명의 제1~2계명에서 우상을 제조하여 숭배하지 말 것을 말하고 있다. 동사 "치우치지 말아야 한다."는 두 개의 부정사 구인 "다른 신들을 따라 걷기 위하여, 그들을 섬기기 위하여"를 지배한다. 이스라엘은 다른 신을 섬기기 위해서 모세가 명령하는 말씀에서 좌로나 우로 치우치지 말아야 한다.

28장은 복과 저주로 단순하게 두 부분으로 나눌 수 있지만, 문제는 저주 본문이 확연하게 길다는 사실이다. 복은 14절인데 반하여 저주는 54절이나 된다. 복과 저주는 대조 평행을 이루어 나타난다. 먼저 1-2절은 15절과 평행을 이루어 나타나며 구조는 유사하지만 똑같지는 않다. 계속 이어서 3절은 16절, 5절은 17절, 4절은 18절, 6절은 19절에 나타난다. 그리고 나머지 구절들은 저주 본문 가운데 흩어져서 나타난다. 7절은 25절과 대조를 이루지만 25절이 더 확장되어 나온다. 문자적인 평행은 아니지만 13절(a)은 44절(b)와 대조를 보이며 13절(b)은 43절과 의미상 대조를 이룬다.

저주 역시 조건과 결과로 나온다.

그리고 이것이 있을 것이다, 만일 네가 너의 하나님 아도나이의 음성을 듣지, 내가 오늘 너에게 명령하는 그의 모든 법규들과 그의 계명들을 지켜 행하지, 않는다면, 그러면 이 모든 저주들이 너에게 올 것이고 너에게 미칠 것이다(신 28:15).

히브리어는 부정어가 한 번 나온다. 그렇지만 의미는 "아도나이의 음성을 듣지 않는다면," 그리고 "그의 계명들을 지켜 행하지 않는다면"으로 이해할 수 있다.²²² 조건과 결과가 함께 나오는데, 저주는 이스라엘이 토라의 말씀에 불순종할 때 임한다. 저주 역시 다양하게 나오는데 가장 큰 강조점은 이스라엘이 전쟁에 져서 가나안 땅에서 쫓겨날 것을 강조한다.

저주 본문을 더 자세하게 나누면 4부분으로 나눌 수 있다. 1) 복이 그대로 변해서 저주로 나오는 본문이 15-19절이다. 2) 각종 질병과 땅의 적은 소출 그리고 전쟁에서의 패배로 인한 압제와 억압을 다룬 본문은 20-44절에 나온다. 3) 적의 침입으로 인하여 식량이 부족하여 인육을 섭취할 것을 말하는 본문이 45-57절에 나온다. 4) 율법의 모든 질병이 임하고 이스라엘이 가나안 땅에서 쫓겨나 다른 나라로 포로로 잡혀갈 것이 58-68절에 나온다.

저주는 다음과 같은 특징이 있다. 이스라엘이 전쟁에서 지는 것을 강조한다. 이스라엘이 적군 앞에서 패하여 일곱 길로 도망간다. 많은 시체가 들짐승의 먹이가 되며 다른 나라의 포로로 잡혀간다(25-26). 이스라엘은 전쟁에 져서 다른 나라의 압제를 받고 자녀들, 가축과 곡식을 빼앗긴다. 이스라엘은 자유를 상실하고 다른 나라의 통치를 받는다(31-33).

저주는 더 구체적으로 외적이 침입할 것을 상세하게 말한다(신 28:49-50). 멀리서 온 적군은 이스라엘의 목에 멍에를 메우고 끌고 가며 곡식과 열매를 남기지 않는다. 적군은 이스라엘이 신뢰하는 모든 성벽을 다 허물어 버리고 성을 포위한다. 그 결과 이스라엘은 양식이 부족하여 자기 자녀를 먹는 비극을 겪는다(51-57).

결국 이스라엘은 가나안 땅에서 추방을 당하여 외국으로 끌려간다. 외국에서 이스라엘은 우상을 숭배하며 쉼을 얻지 못한다(신 28:65). 이 구절에서 "평안"은 히브리어 샬롬이 아니라 '쉬다'의 의미이다. 비록 히브리어 단어는 다르지만, 이스라엘은 언약의 저주로 인하여 평화를 누리지 못한다. 이스라

---

222 개역 개정은 부정어를 두 번으로 번역했다. "네가 만일 네 하나님 여호와의 말씀을 순종하지 아니하여 내가 오늘 네게 명령하는 그의 모든 명령과 규례를 지켜 행하지 아니하면."

엘은 외국에서 평안을 찾지 못하고 정신적인 괴로움을 당한다. 한마디로 표현하면 평화가 없다(엔샬롬).

저주는 강조점을 점차 확실하게 한다. 저주의 확장 세 번째(45-57) 부분과 네 번째(58-68) 부분은 논리적인 발전이 있다. 외적의 침입으로 이스라엘이 고통을 당하다가 포로로 잡혀갈 것을 말한다. 이스라엘은 전쟁에서 질 것이다.

저주 본문 가운데 가장 인상적인 부분은 왕의 포로와 이스라엘의 이집트로의 귀환이다.

> 아도나이께서 너를 그리고 네가 네 위에 세운 너의 왕을 가게 하실 것이다,
> 너와 너의 조상들이 알지 못하는 민족에게, 그리고 너는 거기서 다른 신들
> 을, 나무와 돌을, 섬길 것이다(신 28:36).

이 구절은 이스라엘에 왕정이 세워질 것을 전제하고 있다. 왕의 법에 따르면 이스라엘은 왕을 세우려는 생각이 들 때 왕을 세울 수 있다(신 17:14-20). 왕정은 필수 사항이 아니라 선택 사항이었다. 그렇지만 여기서는 이스라엘이 가나안 땅에 들어가서 인간 왕을 세울 것으로 보고 있다. "네가 네 위에 세운 너의 왕"이 이 사실을 잘 보여준다. 이스라엘에 왕정이 세워지지만, 이스라엘이 아도나이의 말씀에 불순종하면, 왕이 망해서 다른 나라로 포로로 잡혀갈 것이다. "가게 하실 것이다,"는 히필 형으로 '보내실 것이다'로 가나안 땅에서 추방당하는 것을 말한다. 아도나이께서 이스라엘 왕정에 저주를 내리심으로 왕이 다른 나라로 쫓겨가는 것이다. 신명기의 저주는 이스라엘의 왕정이 망해서 포로로 잡혀갈 것을 예고하고 있다.

모세는 이스라엘이 다른 신을 섬기면 나라가 망해서 포로로 사로잡혀 갈 것을 이미 예고했었다(신 4:25-31). 이스라엘은 포로로 잡혀가서 살아 계신 하나님을, 불 가운데서 말씀하신 하나님(신 4:10-12, 15)을 버리고 나무나 돌로 만든 다른 신들을 섬길 것이다. 이스라엘 역사 속에서 실제 이스라엘은 우

상 숭배로 나라가 망했다(왕하 17:7-18). 이스라엘의 역사는 모세가 예고한 대로 나아간 것이다. 북 왕국 이스라엘은 앗수르에 의해 망해서 잡혀갔고(왕하 17장) 남 왕국 유다는 바벨론에 의해 망해서 포로로 잡혀갔다(왕하 25장).

이스라엘이 포로로 잡혀가는 것은 역 출애굽 현상이다. 저주의 마지막은 이스라엘이 역 출애굽을 경험할 것을 예고한다.

> 그리고 아도나이께서 너를 이집트로 배들로 돌아가게 하실 것이다, 내가 너에게, 네가 다시 그것을 보지 않을 것이다, 말했던 그 길로, 그리고 너희는 거기서 너의 적들에게 자신을 팔려고 할 것이다, 종들로 그리고 여종들로 그러나 살 자가 없을 것이다(신 28:68).

저주의 마지막은 전쟁에서 살아남은 자들이 다시 포로로 갈 것이다. 그런데 가는 장소가 이집트인 것이 아주 인상적이다. 이스라엘은 하나님의 능력으로 이집트에서 빠져나왔다. 그들이 이집트에서 노예로 있었지만, 하나님께서 그들을 구원해 주셔서 자유인이 되었다. 그러나 이스라엘은 이제 다시 자유를 상실한 포로로 이집트로 돌아갈 것이다. 역 출애굽이다. 여기서 우리가 주목해야 할 사실은 이스라엘을 이집트로 다시 돌아가게 하시는 분이 "아도나이"라는 것이다. 아도나이께서 이스라엘을 심판하시는 것이다.

이스라엘의 남은 자는 노예로 팔리기를 바란다. 이집트에서 다시 노예가 되고자 한다. 이스라엘은 이집트에서 노예로 있다가 하나님의 능력으로 자유를 얻었다. 그런데 다시 이스라엘은 이집트에서 노예로 자신을 내놓고 있다. 하지만 그들을 사는 자가 없다. 가격이 맞지 않는 것이다.

12
모압 언약[223]

모세는 모압 땅에서 출애굽 후 세대에게 율법을 다시 설명해 주고 난 후에 이스라엘과 언약을 체결한다. 이것이 모압 언약이다. 모압 언약을 체결하는 장면은 신명기 29장에 나온다.

> 이것들은 모압 땅에서 이스라엘의 아들들과 맺으라고 아도나이께서 모세에게 명령하셨던 그 언약의 말씀들이다, 그가 그들과 호렙에서 맺었던 그 언약 외에(신 29:1).

하나님이 모세를 통하여 이스라엘과 맺은 언약은 두 개다. 하나는 호렙산(또는 시내산) 언약이고 다른 하나는 모압 언약이다. 호렙산 언약은 출애굽 세대와 호렙산에서 맺었고 모압 언약은 출애굽 후세대와 모압 땅에서 맺었다. 출애굽 세대가 가데스 바네아에서 가나안 땅을 점령하라는 하나님의 명령에 불순종하여 광야에서 40년간 방랑하는 심판을 받았다. 이 기간에 출애

---

[223] 이 부분은 김영욱, 『신명기 I』, 31-36 그리고 『신명기 III』, 365-410에서 가져와 수정하고 보완한 것이다.

굽 세대는 다 죽었고 새로운 세대가 자라서 언약을 다시 세운 것이다. 이 두 언약의 핵심 내용은 십계명이다. 이래서 십계명이 출애굽기 20장과 신명기 5장에 두 번 나온다. 모압 언약은 호렙산 언약을 갱신한 것이다. 모압 언약을 "언약의 말씀들"로 부른다. 이래서 학자들은 신명기를 언약 문서라고 부른다.

1. 신명기 구조와 종주 조약

고고학의 발달로 고대 근동의 문헌 연구가 활발해졌다. 특별히 신명기에 나타난 언약 구조가 고대 근동의 조약 형식과 유사하다는 주장이 등장했다. 이스라엘 주변의 국가들에서 왕과 봉신 사이에 조약을 맺었다. 왕이 토지를 하사하며 충성을 요구한다. 봉신이 왕에게 충성하면 군사적으로 보호해 주지만 충성하지 않을 때는 군사적인 제재를 가한다. 봉신이 지켜야 할 의무를 규정으로 정하여 문서에 작성했다. 이 조약 문서는 두 개이며 각자 섬기는 신의 성소에 보관했다. 이런 조약 형식이 구약의 언약과 유사한 것이다. 하나님이 이스라엘에게 땅을 주시며 아도나이만을 사랑할 것을 요구한다. 이스라엘이 이 언약의 내용 즉 율법을 잘 지키면 복을 주지만 지키지 않으면 저주를 내린다. 이런 관계를 규정한 문서가 십계명의 두 돌 판이다. 십계명을 성소에 보관했다. 학자들이 이런 유사한 패턴을 지적한 것이다. 고대 근동의 히타이트 종주 조약과 에살핫돈 종주 조약이 신명기에 나오는 언약 구조와 유사하다고 말했다.[224]

하지만 고대 근동의 조약 형식과 신명기의 언약 구조가 정확하게 일치하지는 않는다. 그리고 신명기의 언약 구조가 주전 이천 년 기에 나온 문서(히

---

[224] G. Mendenhall, *Law and Covenant in Israel and the Ancient Near East* (Pittsburgh, 1955).

타이트 국제 조약)와 일치하는지 또는 주전 일천 년 기에 나온 문서(에살핫돈 종주 조약)와 일치하는 정확하지는 않다. 고대 근동의 조약 문서도 다양한 시대에 나왔으며 다양한 형태를 띠고 있기 때문이다. 학자들 사이에 이런 의견 불일치가 존재하지만, 일반적으로 신명기의 언약 구조가 고대 근동의 조약 문서와 유사하다고 말한다. 신명기의 언약 구조는 고대의 문화를 반영하고 있으며 언약 사상이 고대에 나왔다는 사실을 보여준다.

폰 라드는 신명기 안에서 다음과 같은 언약 체결 과정을 말한다.[225]

1. 시내산 사건과 설교의 역사적 서술   1-11장.
2. 율법 강연   12:1-26:15.
3. 언약 의무   26:16-19.
4. 축복과 저주   27-30장.

클라인은 폰 라드와 다른 분석을 제시한다.[226]

1. 서문: 언약 중재자   1:1-5.
2. 역사적 서언: 언약 역사   1:6-4:49.
3. 규정들: 언약 생활   5-26장.
4. 저주와 축복: 언약 비준   27-30장.
5. 계승 준비: 언약의 연속성 31-34장.
   증인 호출 / 조약의 보관 / 공적 낭독.

맥카시는 신명기 4:44-28:68을 신명기의 중심으로 간주하고 분석한다.[227]

---

[225] G. von Rad, *Das Formgeschichtliche Problem des Hexateuchs*, 24.
[226] M. G. Kline, *Treaty of the Great King*, 48-49.
[227] D. J. McCarthy, *Treaty and Covenant*, 158-159, 186.

1. 주변 환경: 일반적인 시작	4:44-49.
2. 역사적 - 권고적 서언	5-11장.
3. 언약들	12:1-26:16.
4. 기원: 선서	26:17-19.
5. 축복과 저주	28:1-69.

2. 모압 언약 체결

모세는 신명기 27-28장에서 언약의 복과 저주를 선언한 후에 모압 땅에서 언약을 체결한다. 먼저 이스라엘이 모압 땅에 도착하기까지의 역사를 간략하게 서술한다(29:1-9). 그 후에 맹세로 모압 언약이 세워지고 이 언약을 지키지 않을 때, 다가올 저주를 경고한다(29:10-21). 마지막으로 이스라엘은 언약을 지키지 않으면 가나안 땅에서 쫓겨날 것이다. 이스라엘의 다음 세대와 이방인들이 가나안 땅에 임한 저주를 보고 질문할 것이다. 아도나이께서 왜 이 땅에 이렇게 행했느냐? 그때 이스라엘이 아도나이와 맺은 언약을 지키지 않고 다른 신을 섬겼기 때문이라고 대답할 것이다(29:22-29).

모압 언약의 특징을 말하기 전에 먼저 시내산 언약의 특징을 간략하게 서술하면 다음과 같다. 시내산 언약은 출애굽기 24장에 자세하게 기록되어 있다.

1) 시내산 언약을 체결하기 전에 하나님이 이스라엘에게 언약을 먼저 제안했다(출 19:4-6). 그러자 이스라엘이 그 언약 제의를 동의함으로 받아들였다(출 19:8). 다시 모세가 하나님의 말씀을 전한 후에 백성의 동의가 나타난다(출 24:3). 이런 백성의 동의는 후에 한 번 더 나타나는 것이 특징이다 (출 24:7).

2) 언약을 맺기 위해 모세가 제단을 쌓고 열두 지파대로 열두 기둥을 세우고

청년들이 번제와 화목제를 드린다(출 24:4-5). 다른 언약에서는(노아 언약, 아브라함 언약, 모압 언약, 다윗 언약) 청년들이 번제와 화목제를 드리는 것이 나오지 않는다.

3) 모세가 짐승의 피를 반은 제단에 뿌리고 반은 백성에게 뿌린다. 모세는 이 피를 "언약의 피"라고 부른다(출 24:6, 8).

4) 모세가 모든 말씀을 책에 기록한 후에 "언약서"(언약의 책, 출 20-23장)를 가져다 낭독한다. 백성은 이때 한 번 더 동의한다(출 24:4, 7).

5) 시내산 언약은 장엄한 의식이 특징을 이루는데 이것은 다시 언약의 식사에서 드러난다. 시내산 언약을 체결한 후에 이스라엘의 지도자들, 모세, 아론, 나답, 아비후와 칠십인 장로들이 하나님을 보고 먹고 마셨다(출 24:11). 이스라엘의 지도자들은 현현하신 하나님을 보고(출 24:10) 언약의 식사를 한 것이다.

시내산 언약은 장엄한 의식이 있는 반면에 모압 언약은 이런 의식이 나타나지 않는다. 하지만 모압 언약만의 특징이 드러난다. 모압 언약은 신명기 29장에 기록되어 있다.

모압 언약은 서론이 있다(29:1-9). 모세는 이스라엘을 소집하고 언약을 맺기 전에 역사를 간략하게 언급한다. 이스라엘이 출애굽을 할 때, 하나님께서 행하신 일들을 목격했다. 하지만 이스라엘은 하나님이 행하신 일들의 의미를 알지 못했다. 하나님께서 그들에게 깨닫는 마음을 주시지 않았기 때문이다. 이스라엘이 출애굽을 한 후에 사십 년 동안 광야에서 유랑하였지만, 옷과 신발이 낡아지지 않았다. 하나님의 보호하심이 있었기 때문이다. 그 후에 이스라엘이 헤스본 왕 시혼과 바산 왕 옥과 전쟁에서 승리하여 요단 동편을 점령하였다. 모세는 이 땅을 르우벤과 갓 지파 그리고 므낫세 반 지파에게 기업으로 주었다. 이스라엘은 이제 요단강을 건너 가나안 땅을 정복하려고 한다. 하지만 모세는 그 땅에 들어가지 못한다. 이래서 모세가 출애굽 후세대에게 율법을 다시 설명해 주고 모압 땅에서 이 언약을 세운다.

1) 모압 언약은 언약의 파트너인 이스라엘의 구성원을 자세하게 언급한다. 특별히 여자들과 아이들을 거론하는 것이 가장 큰 특징이다.

> 너희는 오늘 서 있다, 너희 모두, 너희의 하나님 아도나이 앞에 너희의 지도자들, 너희의 지파들, 너희의 장로들과 관리들, 이스라엘의 모든 남자(29:10), 너희의 자녀, 너희의 여자들 그리고 너의 진영들 가운데 있는 너의 나그네, 너의 나무들을 자르는 자부터 너의 물을 긷는 자까지(29:11).

이스라엘의 모든 사람이 언약을 체결하기 위하여 아도나이 앞에 서 있다. 그런데 "자녀"와 "여자들"이 특이하다. 왜냐하면 이스라엘은 만 이십 세 이상의 남자만 숫자로 계산했기 때문이다(민 26:2; 마 14:21). 더 나아가 "나그네"도 포함하는데 이는 이스라엘 가운데 거주하는 이방인이다.

2) 모압 언약은 장엄한 의식이 없이 맹세로 세워졌다. 언약과 맹세가 유사 동의어로 나타난다.

> 네가 너의 하나님 아도나이의 언약 안으로 지나가기 위하여, 그리고 아도나이 너의 하나님이 오늘 너와 함께 자른 그의 맹세 안으로(신 29:12).

호렙산 언약은 장엄한 신현과 의식이 있었다. 하지만 모압 언약은 모세의 유언 설교가 있고 맹세로 맺었다. "언약 안으로"와 "맹세 안으로"가 평행을 이루어 나타난다.

3) 모압 언약은 출애굽 후세대와 맺은 언약이지만 이것은 앞으로 오고 오는 모든 세대에게도 적용된다. 오늘 여기 서 있지 않은 사람들까지, 앞으로 올 미래 세대를 다 포함하고 있다(신 29:15).

그리고 내가 너희와, 너희에게만 이 언약과 이 맹세를 자르는 것은 아니다(신 29:14).

그러나 우리와 여기에 오늘 서 있는 자와 함께 우리의 하나님 아도나이 앞에 서 그리고 여기에 오늘 우리와 함께 있지 않는 자와(신 29:15).

모압 언약의 파트너는 여기 서 있는 자와 함께 여기 서 있지 않는 자이다. 앞으로 오는 미래 세대가 포함되어 있다. 이래서 이스라엘이 가나안 땅에 들어가서 언약을 다시 체결하지 않았다. 이 조항으로 인해 가나안 땅에서 앞으로 오는 모든 세대는 자동으로 모압 언약에 속한다.

4) 모압 언약은 저주에 강조점이 있다. 복과 저주를 선언한 곳에서 저주가 강조되었듯이(신 27-28장) 언약을 세우면서도 저주를 강조한다. 언약의 말씀을 지키지 않는 자들에게 저주가 내려질 것이다. 특별히 이스라엘이 가나안 땅에서 쫓겨나서 그 땅이 황폐해질 것을 예고한다. 하나님의 심판을 받아 나라는 소돔과 고모라처럼 망할 것이다(신 29:22-29).

이런 상황이 벌어졌을 때, 이스라엘의 후세대와 이스라엘의 주변 국가의 사람들이 왜 이런 일이 벌어졌느냐 하고 물을 수 있다. 왜 아도나이께서 이스라엘에 이렇게 분노하셨는가 하는 것이다. 이 질문에 대한 대답도 주어졌다. 언약을 어겼고 다른 신을 섬겼기 때문이다.

어찌하여 아도나이께서 이 땅에 이와 같이 행하셨는가?
왜 이 큰 진노의 타오름이 있느냐?
그때 그들이 말할 것이다, 그들이 떠났기 때문이다, 그가 그들을 이집트의 땅에서 데려 나왔을 때, 그가 그들과 함께 맺었던 그들의 조상들의 하나님 아도나이의 언약을, 그리고 그들이 갔고 그들이 다른 신을 섬겼고 그들이 그들에게 절했다(신 29:24-26).

여기서 우리는 모세 설교의 요약을 볼 수 있다. 모세는 이스라엘이 가나안 땅에 들어가서 다른 신을 섬기지 않고 아도나이만을 잘 섬기기를 바란다. 언약을 잘 지키며 율법에 순종하기를 원한다. 이스라엘이 다른 신을 섬기는 것은 곧 언약을 깨뜨리는 행위이며 율법을 어기는 것이다.